Pe. JOSÉ BORTOLINI

Literatura joanina e escritos pastorais

Evangelho de João | Cartas de João | Apocalipse
Hebreus | Tiago | 1 e 2 Pedro | Judas

EDITORA
SANTUÁRIO

DIREÇÃO EDITORIAL:
Pe. Fábio Evaristo R. Silva, C.Ss.R.

COPIDESQUE:
Sofia Machado

CONSELHO EDITORIAL:
Ferdinando Mancilio, C.Ss.R.
Marlos Aurélio, C.Ss.R.
Mauro Vilela, C.Ss.R.
Ronaldo S. de Pádua, C.Ss.R.
Victor Hugo Lapenta, C.Ss.R.

REVISÃO:
Bruna Vieira da Silva
Luana Galvão

DIAGRAMAÇÃO E CAPA:
Bruno Olivoto

COORDENAÇÃO EDITORIAL:
Ana Lúcia de Castro Leite

Dados Internacionais de Catalogação na Publicação (CIP) de acordo com ISBD

B739L	Bortolini, José	
	Literatura joanina e escritos pastorais: Evangelho de João, Cartas de João, Apocalipse, Hebreus, Tiago, 1 e 2 Pedro, Judas / José Bortolini. - Aparecida, SP : Editora Santuário, 2019. 120 p. ; 14cm x 21cm.	
	Inclui índice. ISBN: 978-85-369-0571-6	
	1. Bíblia. 2. Cristianismo. I. Título.	
2018-1659		CDD 220 CDU 22

Elaborado por Vagner Rodolfo da Silva - CRB-8/9410

Índice para catálogo sistemático:
1. Bíblia 220
2. Bíblia 22

1ª impressão

Todos os direitos reservados à **EDITORA SANTUÁRIO** – 2019

Rua Pe. Claro Monteiro, 342 – 12570-000 – Aparecida-SP
Tel.: 12 3104-2000 – Televendas: 0800 - 16 00 04
www.editorasantuario.com.br
vendas@editorasantuario.com.br

A coleção: "Conheça a Bíblia. Estudo popular"

Tentar popularizar o estudo da Bíblia Sagrada parece tarefa fácil, mas não é. De certa forma, é como caminhar na contramão da exegese, pois o estudioso de Bíblia, normalmente, é levado a sofisticar o estudo e a pesquisa. Há inclusive quem diga que o estudo popular da Bíblia não é coisa séria. Todavia, visto que a Bíblia é patrimônio do povo e não dos especialistas, cabe aos letrados desgastarem-se para tornar esse livro acessível aos simples, ou seja, aos que não tiveram e nunca terão oportunidade de conhecer a fundo as ciências bíblicas.

Ocorre-me, a esse respeito, uma velha comparação, a do tatu e o joão-de-barro. Exegese significa "tirar para fora", "extrair". É mais ou menos aquilo que faz o tatu: ao cavar uma toca, "tira para fora" boa quantidade de terra, mas não sabe o que fazer com ela, pois seu objetivo é viver no fundo do buraco. O joão-de-barro, ao contrário, recolhe essa terra e, com ela, constrói a própria casa. Algo semelhante acontece no campo dos estudos bíblicos: os exegetas "tiram para fora" inúmeras informações a respeito de determinado livro da Bíblia. Mas a tentação é pensar que sua tarefa se esgotou aí. Os simples, ao contrário, aproveitam-se dessas informações e fazem a própria caminhada de fé e de conhecimento da Palavra de Deus.

É isso o que se busca com a presente coleção "Conheça a Bíblia. Estudo popular". Oxalá o esforço do especialista em popularizar a Palavra de Deus, associado à fome e sede dessa mesma Palavra por parte dos simples, provoque novamente a exclamação de Jesus: "Pai celeste, eu te louvo porque... revelaste essas coisas aos pequeninos" (veja Mateus 11,25).

Apresentação

A coleção "Conheça a Bíblia. Estudo popular" foi pensada visando popularizar o estudo da Sagrada Escritura, a fim de que mais pessoas possam ter acesso a toda a riqueza que existe em cada página, que compõe a Bíblia.

Este sétimo volume apresenta o Evangelho de João, as Cartas Joaninas (1ª João, 2ª João e 3ª João), o Apocalipse e, também, os chamados Escritos Pastorais ou Cartas Católicas, que compreendem a carta aos Hebreus, Tiago, 1ª Pedro, 2ª Pedro e Judas. A obra joanina (Evangelho e Cartas), o Apocalipse e os Escritos Pastorais são os textos mais recentes do conjunto daquilo que chamamos de Novo Testamento. Segundo os exegetas, esses livros foram escritos entre o final do primeiro século e o início do segundo século depois de Cristo.

Afirmam os estudiosos que o quarto evangelho e as cartas joaninas (Epístolas) foram escritos nas comunidades da região de Éfeso. Essas comunidades, segundo a tradição, teriam sido fundadas pelo apóstolo João, chamado também "Discípulo Amado", um dos doze apóstolos de Jesus.

O Evangelho de João diferencia-se dos demais evangelhos pelo estilo com que foi escrito. Possivelmente, teve um longo processo de gestação, ficando pronto somente na última década do primeiro século. Por ter um estilo diferente dos demais Evangelhos, sua aceitação foi lenta e gradual. As cartas atribuídas a João foram escritas, segundo os exegetas, entre o final do primeiro século e início do segundo século. Essas cartas têm a intenção de responder aos diversos conflitos que começaram a existir nas comunidades fundadas por João, tais como o gnosticismo e o docetismo.

O Livro do Apocalipse também está situado no final do primeiro século e, provavelmente, foi escrito durante a violenta perseguição movida pelo imperador Domiciano contra os cristãos. Seu autor é identificado como João, que a tradição aponta como sendo o apóstolo e evangelista, mas até hoje perduram dúvidas se esse João seria o mesmo autor do quarto evangelho e das cartas. Isso ocorre, principalmente, devido à diferença de linguagem e de teologia existente entre os textos joaninos e o Apocalipse. A obra do Apocalipse usa a linguagem simbólica, com o gênero literário chamado de apocalíptico. Esse gênero é encontrado também em outros livros da Bíblia, como Ezequiel, Zacarias e Daniel. O autor do livro, possivelmente, utilizou-se desse recurso como forma de poder falar, motivar e dar esperança às comunidades e aos cristãos que estavam sofrendo com a perseguição, de forma a não ser descoberto pelo Império.

Os textos, conhecidos como Escritos Pastorais ou como Cartas Católicas, compostos pela carta aos Hebreus, Tiago, 1ª Pedro, 2ª Pedro e Judas, são assim chamados porque não se destinam somente a um grupo restrito ou a uma comunidade específica e também servem a todos os interessados, como se fossem "cartas abertas" para o mundo inteiro. Assim como outros textos bíblicos, não há consenso se as pessoas que dão nomes às cartas são, realmente, seus autores, pois, por vezes, eles trazem aspectos e fatos que deixam dúvidas se sua autoria pertence àqueles, aos quais a tradição acabou atribuindo posteriormente. Esse conjunto de escritos trata de variados temas e está organizado, em sua maioria, como se fosse composto por sermões e discursos. Muitos exegetas afirmam que esses textos eram cartas circulares que corriam pelas várias comunidades cristãs primitivas.

Algumas orientações úteis para o leitor:
- As passagens bíblicas, presentes no livro, pertencem à Bíblia de Jerusalém, Bíblia Pastoral e, por vezes, são traduções diretas do próprio autor. Dependendo da Bíblia que o leitor estiver utilizando, os textos podem ser diferentes. Quando isso acontecer, o leitor deverá procurar entender o sentido do texto e não apenas as palavras nele presentes.

Apresentação

- As respostas de alguns exercícios encontram-se abaixo deles, e a ordem das respostas está colocada conforme o exercício proposto.
- Tenha sempre à mão um caderno de anotação, no qual você poderá escrever suas principais conclusões sobre o que foi estudado.

Boa leitura!

Literatura joanina

Evangelho de João

Cartas de João – Apocalipse

1
O Evangelho de João

I. ANTES DE ABRIR O LIVRO

1. Como surgiu o Evangelho de João

O Evangelho de João tem uma longa gestação. É muito diferente dos outros evangelhos; demorou cerca de 50 anos para se formar. Está ligado às comunidades do Discípulo Amado, tradicionalmente identificado com o apóstolo João, e se formou nas regiões de Éfeso, antiga capital da Ásia Menor.

Antes de aparecer como texto escrito, foi vivenciado por essas comunidades em seu cotidiano de fé. Não surgiu todo de uma vez, mas foi se formando aos poucos, incorporando outros textos. Em sua origem, encontramos alguns episódios referentes a Jesus (os sete sinais e a história da paixão, morte e ressurreição), em torno dos quais foram sendo agregados outros textos, como, por exemplo, os discursos feitos por Jesus. Terminado esse processo, os textos foram "amarrados", formando o atual Evangelho de João.

Confira você mesmo
Abra sua Bíblia e leia João 5,18. Em seguida, pule para 6,1. Você perceberá que o texto flui sem interrupção. Isso significa que o longo discurso de 5,19-47 foi acrescentado mais tarde. Leia também 14,31 e pule para 18,1. Você notará o mesmo fenômeno. Isso significa que os capítulos de 15 a 17 foram acrescentados mais tarde.
Agora leia 11,2. Aí se fala de um episódio que já devia ter aparecido: a unção do corpo de Jesus por parte de Maria. Todavia, esse episódio só será narrado no capítulo 12, versículos de 1 a 8. É um sinal de que nem todas as "amarras" foram bem-feitas.

As comunidades do Discípulo Amado começaram com um grupo de judeus que tinham uma percepção insuficiente de Jesus. Eles o viam como um rabi famoso, um profeta importante, o rei de Israel. Mais tarde, o grupo se abriu para acolher os samaritanos, que tinham uma percepção mais aguda acerca de quem é Jesus (veja o capítulo 4 do Evangelho de João). Finalmente, gregos, isto é, não judeus, foram incorporados às comunidades (veja 12,20-22), completando a elevada visão a respeito de quem é Jesus, por exemplo: ele é a Palavra de Deus (1,1), ele revela plenamente o Pai (1,18), ele e o Pai são um (10,30) etc.

> **"Eu sou"**
> No Evangelho de João, muitas declarações de Jesus começam com "Eu sou". Essa expressão tem um sentido oculto e profundo. "Eu sou" é a forma abreviada do nome de Javé, revelado a Moisés, no livro do Êxodo: "Eu sou aquele que sou". Portanto, quando Jesus afirma "Eu sou...", ele se iguala ao próprio Deus (veja, por exemplo, todo o capítulo 8, sobretudo os versículos 24, 28, 58).

2. Uma história marcada pelo sofrimento

A história das comunidades do Discípulo Amado é marcada pelo sofrimento vindo de fora. É bem verdade aquilo que Jesus disse aos discípulos: "Vocês serão expulsos das sinagogas. Mais ainda: chegará a hora em que aquele que matar vocês julgará estar prestando culto a Deus" (16,2). No capítulo 9, o cego curado é expulso da sinagoga (9,34). Ser expulso da sinagoga é a mesma coisa que ser banido da sociedade e marcado para morrer.

Por que tudo isso? A história explica: no tempo em que o Evangelho de João estava sendo formado, os seguidores de Jesus eram perseguidos e mortos pelas lideranças religiosas dos judeus (veja, nesta coleção, *O Evangelho de Mateus*).

Detalhe importante: às vezes, essa realidade hostil a Jesus e seus seguidores é chamada de "mundo", palavra que no Evangelho de João tem mais de um significado. Por exemplo: "Se o mundo odeia vocês, saibam que antes odiou a mim" (15,18). Por esse tipo de "mundo" Jesus não reza (17,9). Mas veja, pelo contrário, esta afirmação de Jesus: "Deus amou o mundo tão profundamente a ponto de entregar-lhe seu único Filho... para que tenha vida eterna" (3,16).

> **Judeus?**
> Devemos ter muito cuidado quando lemos o Evangelho de João. A palavra "judeus" nem sempre tem o mesmo alcance. Mui-

tas vezes, refere-se ao povo judeu em sua totalidade, mas outras vezes indica, simplesmente, as autoridades dos judeus, hostis a Jesus e a seus seguidores. O Evangelho de João não é antissemita. Algumas leituras erradas desse Evangelho, sim. Quando a palavra "judeus" encontra-se em um contexto polêmico ou hostil a Jesus, deve-se sempre entender "autoridades dos judeus", isto é, o poder religioso, político e econômico daquele tempo e lugar.

As comunidades do Discípulo Amado tiveram outras dificuldades, por exemplo, o confronto com os seguidores de João Batista. Sim, naquele tempo e lugar, havia grupos que afirmavam ser João Batista o Messias, a Luz. O Evangelho de João é quem mais fala de João Batista e de sua função de testemunha de Jesus Messias e Luz (veja 1,6-8.19 e seguintes). João Batista chegou a declarar-se "amigo do esposo" (3,29). Naquele tempo, amigo do esposo era a pessoa que preparava a festa de casamento do noivo. Terminado o casamento, sua função cessava.

João Batista chega a afirmar que ele deve diminuir e desaparecer, ao passo que Jesus deve crescer, também no sentido de que só ele pode ter seguidores (3,30).

As dificuldades não terminam aí, pois havia cristãos pela metade, com um pé em uma canoa e outro na outra. É o caso de Nicodemos e de todos os que agem como ele. Nicodemos é membro do Sinédrio, o Supremo Tribunal responsável pela morte de Jesus. Ele tem medo de professar sua fé, por isso debate-se em um dilema terrível. Jesus lhe propõe nascer de novo (3,3). No final do capítulo 7, esse chefe judeu tenta defender Jesus, mas é reprovado. A última vez que Nicodemos comparece é no enterro de Jesus (19,38-42). O dilema de Nicodemos é este: se confessa a fé em Jesus corre os riscos apontados acima; se permanece no Sinédrio, torna-se cúmplice da morte do Senhor.

As comunidades do Discípulo Amado tinham problemas também com alguns grupos que não levavam a sério a pessoa de Jesus. Podemos ver isso em 6,66, em que se fala que muitos dos seus discípulos desistiram de caminhar com Jesus. Por quê? Porque suas exigências eram fortes: "Essa palavra é dura! Quem pode escutá-la?" (6,60).

Além disso, as comunidades do Discípulo Amado tinham problemas com outras comunidades cristãs, que vamos chamar de "comunidades hierarquizadas", representadas por Pedro. De fato, no Evangelho de João, não se dá importância ao grupo dos Doze, pois eles representam o poder. E onde há poder, quase sempre há desigualdade, formando comunidades de senhores e servos (veja a reação de Simão Pedro no episódio do Lava-pés, capítulo 13).

3. Uma história marcada pela fraternidade

Talvez, a característica mais importante das comunidades do Discípulo Amado seja a fraternidade, isto é, a radical igualdade entre todos. O único status que iguala a todos se chama fraternidade. O texto mais significativo a esse respeito encontra-se no capítulo 15, a imagem da videira e dos ramos. Não existe o ramo "chefe", ou "senhor", ou "patrão", nem o ramo "comandado", ou "servo", ou "empregado". Todos desfrutam de radical igualdade, e sua comum identidade reside no fato de estarem todos unidos à videira, produzindo frutos.

Entendemos, então, por que essas comunidades não viam com bons olhos as demais comunidades com suas lideranças e compreendemos também o desinteresse desse Evangelho pelo grupo dos Doze. De fato, quando é autêntico e profundo, o amor suprime as desigualdades, e, se alguém deseja identificar-se com o Mestre Jesus, é no serviço e no amor sem limites que deve fazê-lo (veja o capítulo 13). Pois o Senhor Jesus deixou bem claro que o amor é perfeito quando transborda da pessoa para os outros, e não vice-versa.

4. Uma história inacabada

As comunidades do Discípulo Amado viveram esse ideal de fraternidade radical por algumas décadas e depois desapareceram.

Após o ano 100, no tempo em que foram escritas as cartas de João, surgiram graves problemas internos (veja, nesta coleção, *As cartas de João*). De fato, em 1 João 2,19 se fala de ruptura, ou seja, um grupo se afastou das comunidades, por vários motivos. Um deles era o divórcio entre a religião e o cotidiano. Em outras palavras, havia pessoas afirmando ser possível amar a Deus sem amar o próximo.

Não tendo pessoas investidas de autoridade para resolver essas questões, as comunidades do Discípulo Amado pediram socorro às comunidades hierarquizadas, que prontamente intervieram, afastando os revoltosos. Esse ato custou caro, pois, como algumas gotas de perfume raro se diluem e desaparecem em um tanque de água, assim elas desapareceram. Sua história e seu ideal permanecem como desafio aberto para quem desejar fazer essa experiência.

II. ABRINDO O LIVRO

1. Como está organizado

O Evangelho de João é um livro bem montado. Tem introdução, primeira e segunda parte, conclusão e um acréscimo. A introdução (1,1-18) é chamada de Prólogo pelos estudiosos. É um poema à Palavra de Deus, preexistente à criação do mundo e encarnada em nossa história. Alguns estudiosos suspeitam que esse poema foi originariamente dedicado a João Batista como Messias e Luz. De fato, os versículos de 6 a 8 e 15 não são propriamente poesia e parecem ter sido inseridos com a finalidade de comprovar, da boca do próprio João Batista, que a Luz é Jesus e que a função de João não é senão ser testemunha.

> **Navegando**
> João 1,1-18 é semelhante à página principal de um site da Internet. Todos os temas estão aí, como se fossem links a serem clicados para iniciar a navegação, como por exemplo, o tema da **glória**, na frase "E nós vimos a sua glória". Com al-

> gumas ferramentas, você descobrirá que esse tema está espalhado ao longo do livro, assim: 1,14; 2,11; 5,44; 8,50; 8,54; 11,4; 11,40; 12,28; 12,41; 12,43; 15,8; 16,14; 17,5; 17,22; 17,24, ao todo, 18 vezes. Uma janela envia você a palavras afins, como glorificar, manifestar a glória (23 vezes), honrar (6 vezes), ver, contemplar etc. A navegação não tem limite. Prove!

A primeira parte se inicia em 1,19 e vai até o final do capítulo 12. Costuma-se chamar essa primeira parte de "Livro dos Sinais". De fato, encontramos nela os sete sinais realizados por Jesus. Ele vai devolvendo a vida: a transformação da água em vinho no casamento de Caná (capítulo 2); a cura do filho do funcionário real (capítulo 4); a cura do paralítico junto à piscina em Jerusalém (capítulo 5); o episódio dos pães e a travessia do lago (capítulo 6); a cura do cego de nascença (capítulo 9) e a ressurreição de Lázaro (capítulo 11).

A segunda parte compreende os capítulos de 13 a 20. Os estudiosos dão a ela vários títulos, todos importantes: o Grande Sinal, o Livro da Glória (Livro da Glorificação), a Hora de Jesus etc. Encontramos nela o episódio do Lava-pés (capítulo 13), o discurso de despedida de Jesus (capítulos de 14 a 17), o relato da paixão, morte e ressurreição de Jesus (capítulos de 18 a 20). O final do capítulo 20 (versículos 30 e 31) é a antiga conclusão do Evangelho de João. Mais tarde, acrescentou-se o capítulo 21, que costumamos chamar de epílogo.

2. Olhando a primeira parte, o livro dos sinais

Vamos olhar conjuntamente os sete sinais para ver as reações diante desse Jesus, que vai pondo vida onde não há. De fato, o objetivo dos sinais é revelado em 20,30-31: "Jesus fez ainda, diante dos discípulos dele, muitos outros sinais que não se encontram registrados neste livro. Estes, porém, foram escritos para que vocês creiam que Jesus é o Messias, o Filho de Deus, e para que, acreditando, vocês tenham vida em seu nome".

Sinal	Reações	
2,1-12: Mudança da água em vinho	Fé (v. 11)	
4,46-54: Cura do filho do funcionário	Fé (v. 53)	
5,1-18: Cura do paralítico	Fé (v. 9)	Rejeição (v. 18)
6,1-15: O episódio dos pães	Fé insuficiente (vv. 14.26)	
6,16-21: Andando sobre as águas	Medo (v. 19)	
9,1-41: Cura do cego de nascença	Fé (v. 38)	Rejeição (v. 40s)
11,1-44: Ressurreição de Lázaro	Fé (vv. 27.45)	Rejeição (vv. 46-50)

> **Por que "sinais" e não "milagres"?**
> Os milagres realizados por Jesus no Evangelho de João são chamados de sinais. Por quê? Porque há no sinal um sentido escondido que vai além do fato bruto e o supera. Para entender bem o sentido profundo dos sinais, é preciso mergulhar profundamente, como dizia um antigo samba: "O ouro afunda no mar, madeira fica por cima; ostra nasce no lodo, gerando pérolas finas". Quem mergulha fundo encontra.
> Pense nos sinais de trânsito, por exemplo, uma placa indicando a presença de radar. Ela avisa que, mais adiante, você irá encontrar fiscalização de velocidade. Assim são os sinais no Evangelho de João.

a. Primeiro sinal

O primeiro sinal (2,1-12) é a "mãe" de todos os outros, ou uma espécie de "guarda-chuva", que abriga os demais. Isso pode ser dito por causa do "dia" simbólico, em que acontece o sexto dia da primeira semana do Evangelho de João. Assim: 1º dia: 1,19; 2º dia: 1,29; 3º dia: 1,35; 4º dia: 1,43. Em 2,1 se diz "no terceiro dia", ou seja, o 6º dia. Ora, na história da criação do mundo (Gn 1) se diz que, no 6º dia, Deus criou a humanidade. Fazendo o casamento em Caná coincidir com o 6º dia, o Evangelho de João nos oferece uma chave preciosa: estamos diante do surgimento da nova humanidade, do novo homem e da nova mulher.

A primeira semana do Evangelho de João se estende até o início do capítulo 12, em que se inicia uma nova semana. Esse detalhe nos diz que os sete sinais realizados na primeira parte do livro acontecem dentro de um simbólico 6º dia, isto é, eles são a expressão da nova humanidade.

Tentemos ler o episódio com essa chave de leitura. Em outras palavras, vamos mergulhar fundo no simbolismo do primeiro sinal. A palavra Caná significa "adquirir". É a palavra usada por Eva quando nasceu seu filho Caim. Em Caná, portanto, Deus está "adquirindo" para si uma nova humanidade, formando com ela uma nova aliança. De fato, vários profetas (Isaías, Jeremias, Ezequiel, Oseias e outros) compararam a relação entre Deus e o povo a um casamento. É o que acontece em Caná, pois o verdadeiro noivo ou esposo da nova humanidade é Jesus, e a noiva ou esposa é formada por aqueles que vão dando sua adesão a Jesus pela fé.

Nesse casamento, que representa a primeira aliança, falta vinho, símbolo do amor; e Jesus-esposo é aquele que traz o vinho excelente e abundante, sinal da chegada do Messias.

A mãe de Jesus

No Evangelho de João, a mãe de Jesus nunca é chamada pelo nome, Maria. Isso significa que ela ultrapassa o aspecto material e se torna um símbolo. De fato, no casamento de Caná se diz que "a mãe de Jesus estava lá". Simbolicamente, isso significa que ela pertencia ao povo da primeira aliança. Mas ela toma distância da primeira aliança, reconhecendo que nela não existe mais o cimento que a une, o amor, representado pelo vinho. O que temos são seis talhas de pedra vazias, representando o coração de pedra denunciado pelos profetas. É, pois, uma relação fria, dura e distante. Por isso ela diz: "Eles não têm mais vinho!" Representando aquela parcela do povo do Antigo Testamento que acredita em Jesus-esposo e realizador da nova aliança, ela ordena aos serventes: "Façam tudo o que ele disser", exatamente como o povo hebreu prometeu por ocasião da primeira aliança (compare com Êxodo 19,8).

O eixo central dessa cena são os seis potes de pedra para a purificação dos judeus. Estão vazios e são de pedra. Provavelmente, representam as seis festas narradas no Evangelho de João: uma Páscoa (2,13), uma festa não identificada (5,1), outra Páscoa (6,4), a festa das Tendas (7,2), a festa da Dedicação (10,22) e uma terceira Páscoa anunciada (11,55). O calendário judaico girava em torno das festas, ligadas à vida do povo. É interessante notar o que Jesus faz nessas ocasiões, segundo o Evangelho de João.

b. Segundo sinal

O Evangelho de João uniu o segundo sinal (4,46-54) ao primeiro, localizando Jesus em Caná. No primeiro sinal, quem acreditou nele foram os discípulos (2,11), isto é, uma parcela dos judeus. No segundo sinal, quem crê em Jesus é o funcionário do rei com toda a sua casa, representando os não judeus.

Versões diferentes

Alguns episódios narrados por Mateus, Marcos e Lucas encontram-se também em João, porém muito modificados. É o caso de uma cura (ausente em Marcos), registrada por Mateus 8,5-10.13 e Lucas 7,1-10. Veja as principais diferenças entre Lucas e João.

Lucas 7,1-10	João 4,46-54
Jesus não foi a Jerusalém	Jesus volta de Jerusalém
Jesus se encontra em Cafarnaum	Jesus se encontra em Caná
Chefe militar de cem soldados	Funcionário do rei
O doente é servo do chefe militar	O doente é filho do funcionário
O chefe envia a Jesus anciãos judeus	O funcionário vai pessoalmente
Os anciãos elogiam o chefe	....

Jesus vai à casa do chefe	Jesus não vai à casa do funcionário
O chefe se desculpa	O funcionário obedece e retorna
Jesus elogia a fé do chefe	O funcionário crê
Os anciãos voltam	Os servos vão ao encontro do funcionário
O servo é curado	O filho é curado às 13 horas

Nesse segundo sinal, existe um confronto. Lendo em profundidade, descobrimos quem é mais forte e a quem se deve obedecer. Lembremos as palavras da mãe de Jesus aos serventes no primeiro sinal: "Façam tudo o que ele mandar". No segundo sinal, temos a impressão de que o funcionário real queira dar ordens a Jesus, pois lhe diz: "Senhor, desce...", e Jesus lhe ordena: "Desça, pois seu filho vive". A fé depende da obediência à palavra de Jesus, e os grandes, para encontrar vida, devem curvar-se a ela.

c. Terceiro sinal

O terceiro sinal (5,1-18) é realizado em Jerusalém durante uma festa não identificada e tem duas reações que se opõem: o paralítico curado crê em Jesus e lhe obedece, violando o preceito do repouso em dia de sábado. Essa violação devia ser punida com a morte, conforme Êxodo 31,14. As autoridades dos judeus, pelo contrário, planejam a morte de Jesus, justamente por violar o descanso em dia de sábado.

Jesus afirma que o Pai dele trabalha até o momento presente, e ele segue o exemplo de seu Pai. É uma afirmação corajosa, pois vai contra o que se diz acerca do sétimo dia da criação, quando Deus descansou de toda a sua obra. Fica mais claro, assim, que a missão de Jesus é devolver vida a quem foi dela privado, e seu trabalho (bem como o nosso) não cessa enquanto não houver vida plena para todos (veja 10,10).

O paralítico encontra-se em meio a uma multidão de doentes de toda espécie. Estão todos debaixo das marquises que cercam a piscina. Nesses corredores cobertos, funciona a escola dos fariseus e doutores da Lei. Certamente, todos esses doentes estão cansados de ouvir dizer que suas doenças são punições de Deus por causa dos pecados. Estão, por isso, cansados da vida, abandonados por todos e à espera de umas gotas de misericórdia de Deus, representadas pelo movimento das águas que curam o primeiro a descer à piscina.

A situação do paralítico é dramática, pois, além de não ter ninguém, precisa ser curado também na vontade e na autoestima, a ponto de Jesus lhe perguntar: "Você deseja ficar curado?" Chama atenção o tempo em que este homem está aí, 38 anos. De acordo com Deuteronômio 2,14, a caminhada do povo hebreu pelo deserto dura exatamente 38 anos, até que desaparece toda uma geração. Lida em profundidade, essa data representa uma vida inteira, marcada pela falta de solidariedade, de esperança e de perspectivas. O paralítico, portanto, representa toda uma geração que não conhece o que é ter liberdade e vida. E Jesus o cura em dia de sábado, mostrando que a lei da vida é superior a qualquer outra lei.

> **Águas milagrosas?**
>
> Não se sabe, ao certo, a origem e a verdade acerca dessas águas agitadas na piscina. Provavelmente, na Antiguidade havia um santuário pagão de cura. O episódio, então, desejaria afirmar que, enquanto os deuses pagãos curam apenas o corpo, Jesus pode curar inteiramente as pessoas, como ele próprio afirma em 7,23.
>
> **Tarefa**: Tente, a partir do que se diz em 7,23, descobrir como Jesus cura integralmente o paralítico. Por exemplo: cura-o na mente; cura-o das superstições; cura-o da exclusão; cura-o da dependência etc.

d. Quarto sinal

O quarto sinal (6,1-15) está estreitamente unido ao quinto (6,16-21), e ambos têm algo em comum com episódios semelhantes nos outros três evangelhos. Mas o Evangelho de João coloriu com tintas próprias os dois episódios.

> **Confira você mesmo**
> **1.** Procure um mapa da Palestina no tempo de Jesus e veja o caminho que Ele faz com a multidão que o segue. É festa da Páscoa, e todos os judeus vão a Jerusalém. Jesus, no entanto, faz um caminho contrário: sai da Palestina, atravessa o Mar da Galileia e vai para o território estrangeiro, para celebrar a partilha dos pães.
> **2.** Compare João 6,16-21 com Marcos 6,45-52 e anote as diferenças. Importante: a maior delas é que, no Evangelho de João, Jesus não entra no barco.

O episódio dos pães, tradicionalmente conhecido como "multiplicação", é na verdade uma catequese baseada em Êxodo, capítulo 16, mostrando que, quando partilhamos o que temos, ninguém passa necessidade. De fato, quando se recolhia maná em excesso, a sobra apodrecia; quando não se recolhia o suficiente, não faltava o necessário para se saciar.

No episódio narrado por João, há um menino que tem cinco pães de cevada e dois peixes. Ele é o ponto de partida para superar o impasse da fome no mundo, pois, com certeza, esse menino está disposto a repartir com outros sua pequena abundância de pão.

Jesus age como chefe de uma grande família. Estando todos sentados em grupos organizados, dá graças a Deus, pois em seu projeto criador destina os bens da criação para todos, sem exceção. O ensinamento é claro: no mundo há alimento suficiente para todos; o que falta é a distribuição justa entre todos. De fato, as sobras – 12 cestos – dão a impressão de que não somente há alimento suficiente, mas abundância excedente.

e. Quinto sinal

O quinto sinal (6,16-21) tem um sentido muito diferente do mesmo episódio narrado por Mateus (14,22-33) e Marcos (6,45-52). Para entendê-lo, é necessário ter presente que Jesus não entra no barco em que estão os discípulos e não esquecer o caminho percorrido no início do quarto sinal. Os discípulos deixam o território estrangeiro, onde aprenderam a lição da partilha, e voltam para Cafarnaum, na Galileia, como outrora os hebreus no deserto foram tentados a voltar ao Egito, a terra da escravidão. Jesus não entra nesse barco sem perspectivas. Ele vai à frente não porque concorde com a atitude dos discípulos, mas porque é movido pela compaixão divina que não abandona o seu povo, mesmo quando este toma um caminho errado.

f. Sexto sinal

Situando
O sexto sinal (capítulo 9) situa-se no contexto da festa das Tendas (7,2). Como as outras grandes festas, durava uma semana. Poderíamos chamá-la de "Festa da água e do fogo". De fato, a cada dia, fazia-se uma procissão da fonte Gion até o Templo,

carregando água da fonte para os ritos no Templo. À noite, a esplanada do Templo ficava iluminada por grandes fogueiras.

Tarefa: Leia o capítulo 9 e anote as referências à água (exemplo: piscina de Siloé, lavar-se etc.) e as referências à luz (exemplo: cegueira, ver etc.).

O sexto sinal é conhecido como a cura do cego de nascença. A palavra "Siloé" significa "enviado" e faz pensar em Jesus, o enviado de Deus Pai. Quando nos lavamos nele, desaparecem todas as nossas cegueiras. Se não nos lavamos nele, mesmo que enxerguemos com os olhos do corpo, somos considerados cegos.

O cego curado é exemplo daquilo que pode acontecer com qualquer pessoa que dá sua adesão a Jesus. Dificuldades não faltam. Ele enfrenta situações que vão se tornando sempre mais graves: em primeiro lugar, dá testemunho diante dos vizinhos; a seguir, testemunha diante dos fariseus; depois, perde o apoio da família; finalmente, é banido pelas autoridades dos judeus. São vários passos para se chegar à grande afirmação: "Eu creio, Senhor!" E se ajoelha diante de Jesus. À medida que vai dando passos na fé, aumentam as dificuldades e as pressões.

O ponto alto do testemunho é reconhecer que Jesus é o Messias, aquele que iria abrir os olhos dos cegos, conforme prometera o profeta Isaías (42,7). É, ao mesmo tempo, o maior risco que se corre: por causa de seu testemunho, o cego curado é banido.

Fazendo associações

Associe frases do Antigo Testamento com palavras de Jesus ou referentes a ele no Evangelho de João:

Isaías 12,3: "Vocês beberão nas fontes da salvação".	**1** ○	João 9,32: "Jamais alguém abriu os olhos de um cego de nascença".
Salmo 23,1: "Javé é meu pastor, nada me falta".	**2** **1**	João 7,37: "Quem tem sede venha a mim e beba".
Salmo 27,1: "Javé é minha luz e minha salvação".	**3** ○	João 11,43: "Lázaro, venha para fora!"
Ezequiel 37,12: "Meu povo, eu vou tirar vocês de seus túmulos".	**4** ○	João 10,11: "O bom pastor dá a sua vida pelas suas ovelhas".
Isaías 42,7: "... para que você abra os olhos dos cegos".	**5** ○	João 9,5: "Enquanto estou no mundo, eu sou a luz do mundo".

Respostas: 5; 1; 4; 2; 3.

---

g. Sétimo sinal

O sétimo sinal é a coroa de todos eles e é, também, o mais dramático. Na mentalidade daquele tempo, acreditava-se que até o terceiro dia o defunto pudesse reviver. Mas, chegado o quarto dia, o cadáver começava a se decompor, e a esperança – que é a última a morrer – morria. Quando Jesus chegou à casa de Marta e Maria, já estava no quarto dia, e a esperança havia morrido. Jesus, mediante os sinais, foi devolvendo vida a quem não tinha vida; era esperança contra toda falta de esperança, é vida além de qualquer expectativa. Se a esperança acaba morrendo, a fé em Jesus ressurreição e vida faz reviver.

A irmã de Lázaro confessa sua fé em Jesus ressurreição e vida, mas as autoridades dos judeus pretendem eliminar aquele que possui em si a vida e faz viver (veja 1,4). São as trevas querendo apagar a luz, sem obter sucesso (veja 1,5).

A ressurreição de Lázaro está ligada à festa da Dedicação do Templo (10,22). Durante essa festa refletia-se muito sobre o capítulo 34 do profeta Ezequiel. Nesse capítulo fala-se de Javé-pastor que conduz seu rebanho para a vida (veja também Salmo 23). Lázaro é, nesse contexto, a ovelha que escuta a voz do pastor Jesus, que lhe diz: "Venha para fora!", e retorna assim à vida.

Lázaro sai do túmulo com as amarras próprias do modo como os judeus sepultavam seus defuntos. Jesus ordena aos presentes que o desamarrem e o deixem ir. Esse detalhe tem dois significados. **1.** Lázaro voltou à vida com todos os condicionamentos próprios do ser humano, e um dia encontrará novamente a morte. **2.** A ação de Jesus pede nossa pequena, mas essencial, colaboração: libertar as pessoas de todas as amarras que impedem a vida.

O sétimo sinal aponta já para a segunda parte do Evangelho de João (capítulos de 13 a 20). O grande sinal dessa segunda parte é o mistério pascal, ou seja, a morte e ressurreição de Jesus.

> **Choro**
> O choro está bem presente no sétimo sinal. Choram as irmãs de Lázaro, choram os amigos presentes e chora Jesus. Mas há motivos diferentes pelos quais chorar. O choro das irmãs e dos amigos é marcado pela falta de esperança. Note-se que Jesus não chora quando os outros o fazem. E o povo reconhece que o choro de Jesus é motivado pelo amor, e não pela falta de esperança ou pelo desespero: "Vejam como ele o amava!" E todos nós sabemos que a morte não consegue matar o amor.

3. Olhando a segunda parte, o grande sinal

A segunda parte compreende os capítulos de 13 a 20 e recebe vários nomes, todos eles justificáveis. Podemos chamá-la de "O grande sinal", que compreende a morte de Jesus e sua ressurreição. Podemos dar-lhe o título de "A hora de Jesus", pois, no casamento de Caná, ele havia dito que sua hora ainda não havia chegado, a hora do "vinho abundante", isto é, do amor sem limites. Essa hora se realiza na cruz. A segunda parte pode também ser chamada de "O livro da glória ou da glorificação", e esse título também se refere à morte e ressurreição de Jesus.

A segunda parte pode ser resumida com o início do capítulo 13: "Antes da festa da Páscoa, Jesus sabia que sua hora havia chegado. Era a hora de passar deste mundo para o Pai. Tendo amado os seus que estavam no mundo, amou-os até o fim" (versículo 1).

O episódio do Lava-pés (13,1-15) é uma espécie de resumo de toda a segunda parte. De fato, Jesus tira o manto, pega uma toalha – símbolo do serviço –, põe água em uma bacia, lava e enxuga os pés dos discípulos. Terminado esse gesto, não se diz que ele tenha tirado a toalha. Simbolicamente, ele a carrega até a cruz, quando é despojado de suas vestes; antes de morrer, proclama que tudo está consumado. O lava-pés, portanto, é uma visão antecipada de tudo o que Jesus fará a seguir, movido pelo amor levado às últimas consequências.

Nesta segunda parte, encontramos dois personagens importantes e com atitudes contrastantes. Trata-se do Discípulo Amado e de Simão Pedro. O primeiro é íntimo de Jesus, solidariza-se com ele, encontra-se junto à cruz, quando Jesus morre, e, na manhã da ressurreição, vendo o túmulo vazio, crê na ressurreição. Simão Pedro é o oposto do Discípulo Amado: na última ceia, encontra-se longe de Jesus (não só fisicamente); no jardim do Getsêmani, mostra-se violento; nega Jesus por três vezes e, na manhã da ressurreição, vendo o sepulcro vazio, fica perplexo e volta para casa sem acreditar.

O Discípulo Amado

A partir do capítulo 13 do Evangelho de João – e somente nesse Evangelho – aparece a figura do Discípulo Amado, que é, ao mesmo tempo, alguém com atitudes totalmente diferentes das de Simão Pedro. Quem é esse Discípulo Amado? Tradicionalmente, ele foi identificado com o apóstolo João, tido também como autor do Evangelho que traz seu nome. Há quem sustente que o Discípulo Amado seria Lázaro, ou mesmo, uma mulher, Maria Madalena.

Quando o Evangelho de João recebeu os retoques finais, Simão Pedro já havia dado a vida fazia décadas. A tradição diz que foi crucificado, como o Senhor Jesus. Diante desse fato, acrescentou-se o capítulo 21 do Evangelho de João, resgatando, dessa forma, a figura de Simão Pedro. Você mesmo pode percorrer a segunda parte e notar o contraste entre essas duas personagens. As passagens são as seguintes: 13,22-26; 18,10-11; 18,15-27; 19,25-27; 20,1-10; 21,1-23.

Amor preferencial?

A figura do Discípulo Amado pode levar as pessoas a considerarem que Jesus tivesse amor preferencial por essa personagem. Na verdade, o título de Discípulo Amado tem outro sentido. Ele se chama assim por ser a pessoa mais sintonizada com o projeto de Jesus. Este não discriminava ninguém, pois deu a vida por todos, amando até o fim (13,1). Detalhe interessante: na última ceia, seguindo o costume adotado pelo chefe de família nas refeições importantes, Jesus dá a Judas, o traidor, um pedaço de pão umedecido no molho. Esse era o gesto que o dono da festa fazia para demonstrar amor preferencial por alguém.

Teste seus conhecimentos

Leia a história da paixão, morte e ressurreição de Jesus, nos capítulos, de 18 a 21 do Evangelho de João, e teste seus conhecimentos assinalando a resposta certa.

1. Como se chamava o servo do Sumo Sacerdote de quem Pedro cortou a orelha?
( ) Judas ( ) Malco ( ) José

2. Depois de preso, Jesus foi conduzido à presença do Sumo Sacerdote
( ) Ananias ( ) Caifás ( ) Anás

3. Quantas vezes Simão Pedro negou a Jesus?
( ) Três ( ) Duas ( ) Uma

4. Quantas vezes se diz que o galo cantou?
( ) Uma ( ) Duas ( ) Três

5. Como se chama o bandido que foi solto em lugar de Jesus?
( ) Barrabás ( ) Tomé ( ) Malco

6. Pilatos chega a afirmar que Jesus é inocente?
( ) Sim ( ) Não

7. O Evangelho de João fala do Cireneu carregando a cruz de Jesus?
( ) Sim ( ) Não

8. Em quantos idiomas estava escrito o cartaz pregado na cruz de Jesus?
( ) Uma ( ) Três ( ) Duas

9. Em quantas partes foram divididas as vestes de Jesus?
( ) Duas ( ) Três ( ) Quatro

10. A túnica de Jesus foi rasgada?
( ) Não ( ) Sim

11. Quantas mulheres havia junto à cruz de Jesus?
( ) Cinco ( ) Quatro ( ) Três

12. Jesus tomou vinagre antes de morrer?
( ) Não ( ) Sim

13. Jesus teve as pernas quebradas como os outros crucificados?
( ) Sim ( ) Não

14. Quantos quilos ou libras de aromas foram usados no enterro de Jesus?

( ) Dois quilos/ 4 libras ( ) Dez quilos/ 20 libras ( ) Mais de trinta/ 100 libras

15. Qual a primeira pessoa a anunciar a ressurreição de Jesus?
( ) Pedro ( ) o Discípulo Amado ( ) Maria Madalena

16. Qual o discípulo que exigiu provas para crer em Jesus ressuscitado?
( ) Tomé ( ) Tiago ( ) Filipe

17. Quantas pessoas, no capítulo 21, foram pescar?
( ) Doze ( ) Sete ( ) Cinco

18. Quem descobriu que o ressuscitado estava na praia?
( ) Simão Pedro ( ) o Discípulo Amado ( ) Natanael

19. Quantos peixes eles pegaram?
( ) Poucos ( ) 153 peixes grandes ( ) Alguns quilos

20. Quantas vezes Jesus perguntou a Simão Pedro se o amava?
( ) Uma ( ) Duas ( ) Três

Respostas: 1. Malco; 2. Anás, 3. Três, 4. Uma; 5. Barrabás; 6. Sim; 7. Não; 8. Três; 9. Quatro; 10. Não; 11. Quatro; 12. Sim; 13. Não; 14. Mais de trinta; 15. Maria Madalena; 16. Tomé; 17. Cinco; 18. O discípulo Amado; 19. 153 peixes grandes; 20. Três.

O Evangelho de João

2
As cartas de João

I. ANTES DE ABRIR AS CARTAS

1. As comunidades do Discípulo Amado depois do ano 100

As três cartas de João, escritas depois do Evangelho que traz o mesmo nome, pertencem ao segundo século e estão entre os últimos livros do Novo Testamento (veja *O Evangelho de João*). Apareceram por volta do ano 110, e seu ambiente é a região de Éfeso, na Ásia Menor. Também o Apocalipse – que faz parte desse conjunto de livros chamado de "Literatura Joanina" – já circula pelas comunidades do Discípulo Amado.

Alguns dos problemas apontados no Apocalipse – como a simbólica Jezabel e os nicolaítas, bem como o sincretismo religioso – se fazem presentes nessas comunidades, provocando divisões (veja, a seguir, *O Apocalipse*).

> **Sincretismo religioso**
> É um fenômeno quase tão antigo quanto a humanidade. Trata-se da pessoa que tem uma religião bem definida, mas vai incorporando, pacificamente, elementos de outras religiões, às vezes, até contrários à fé que essa pessoa professa. É uma atitude cômoda de assimilar "aquilo que me interessa". Um exemplo banal: quando vamos à feira, escolhemos e levamos para casa aquilo que nos é útil no momento. Em termos de religião, um dos riscos é perder a própria identidade reli-

giosa, sem nos darmos conta disso. Por exemplo: os cristãos têm como eixo central de sua fé a ressurreição de Jesus Cristo. Mas há alguns deles que incorporam o espiritismo, que nega a ressurreição.

2. Desentendimentos internos

Na fase que se refere à formação do Evangelho de João (até o ano 100), as comunidades do Discípulo Amado tinham sérios problemas e conflitos com grupos de fora. Elas, porém, mantinham-se unidas. Na época das cartas, os problemas eram internos. Na história da paixão, a túnica de Jesus, que não havia sido rasgada, representava a unidade interna das comunidades. Agora, no entanto, essa "túnica" se rasga, ou seja, os conflitos internos dividem as comunidades. A rede, que, sem rupturas, continha os 153 peixes grandes (capítulo 21 do Evangelho de João), agora se rompe, causando dispersão.

No capítulo 17 do Evangelho de João, Jesus reza ao Pai para que seus seguidores sejam um, isto é, unidos como ele e o Pai são unidos. Essa grande corrente, que parte de Deus Pai, prolonga-se em seu Filho e continua em cada um dos seus seguidores, também se rompeu.

Quais foram os motivos de tal ruptura? Podemos assinalar quatro. Em primeiro lugar, uma visão diferente acerca de quem é Jesus. O conflito se dá, portanto, no campo da cristologia. Em segundo lugar, desentendimentos quanto ao tema do julgamento final. Em terceiro lugar, uma questão de ética, ligada ao mandamento do amor a Deus, que se expressa e se traduz no amor às pessoas. Finalmente, uma questão discutida acerca da presença e da ação do Espírito Santo nas pessoas.

O autor das três cartas – que costumamos chamar João – joga duro contra os que se afastam das linhas básicas do Evangelho que traz o nome dele. Chega a chamá-los de Anticristos.

> **Anticristo**
> Anticristo (no singular ou no plural) é uma palavra rara na Bíblia. Ela aparece somente na primeira e na segunda cartas de João. Por influência da segunda carta aos Tessalonicenses, associou-se o aparecimento do Anticristo à chegada do final dos tempos, pois, imediatamente depois dele, teríamos a segunda vinda de Cristo. A primeira carta de João afirma que, no tempo em que foi escrita, os Anticristos já estavam presentes e eram pessoas concretas: aqueles que negavam a encarnação do Filho de Deus. Veja 1 João 2,18.22; 2 João 7. Veja, abaixo, "docetismo".

3. 1º desentendimento: quem é Jesus?

O primeiro conflito interno se dá no campo da *cristologia*, ou seja, na compreensão de quem é Jesus. O Evangelho de João, desde o início, havia deixado muito claro que Jesus é a Palavra encarnada do Pai. Essa Palavra esteve, desde sempre, junto de Deus, e ela própria é Deus. Tudo foi feito por meio dela, pois nela está a vida. Historicamente, ela se encarnou, assumindo a condição humana e revelando plena e perfeitamente quem é o Pai, a ponto de dizer "Eu e o Pai somos um", e "Quem me vê vê o Pai". E também: "Eu estou no Pai e o Pai está em mim". No capítulo 8 desse Evangelho, Jesus disse várias vezes "Eu sou", expressão que resume o nome de Javé Deus. Com isso ele se igualou ao Pai.

Algumas pessoas, dentro das comunidades do Discípulo Amado, começaram a negar essa visão profunda acerca de quem é Jesus. Era o começo do docetismo.

> **Docetismo**
> A palavra *docetismo* vem de um verbo grego que significa *parecer*. Os docetistas afirmavam que Jesus não se encarnou e que toda a vida dele – inclusive sua morte na cruz – foi um perfeito "faz de conta". Assim: nas novelas da TV, bem como no teatro e no cinema, os atores assumem papéis que não

> têm nada a ver com a vida deles. A vida e os sofrimentos de Jesus não teriam sido coisas reais, mas pura representação. Jesus, portanto, não teria sido senão um grande ator. É supérfluo dizer que isso implodia os evangelhos e induzia os cristãos a "fazer de conta" que eram cristãos. Em síntese, uma religião de aparências.

Você pode ler a primeira carta de João e anotar com quanta insistência seu autor tenta ajudar as comunidades a superarem esse conflito. Por exemplo: logo na primeira frase, diz-se que o autor (e outras pessoas) *ouviram, viram* com os próprios olhos, *contemplaram* e até *apalparam* com as próprias mãos a Palavra da vida, ou seja, Jesus. Ele não era uma miragem. Note como os sentidos das pessoas que estiveram com ele estão envolvidos em 1,1: *audição, visão, tato*. O testemunho que elas dão não é algo banal que se possa pôr em dúvida.

4. 2º desentendimento: haverá julgamento final?

O segundo conflito interno das comunidades do Discípulo Amado diz respeito à *escatologia*, ou seja, ao final dos tempos. O Evangelho de João tem uma visão muito particular a respeito daquilo que conhecemos como julgamento final.

Ele diz, no capítulo 3, que o julgamento foi trazido à terra por Jesus. Em outras palavras, sua vinda é um divisor de águas. Diante dele, de suas palavras e ações, as pessoas têm duas opções: aceitá-lo e aceitar a vida, ou rejeitá-lo e rejeitar a vida. Quem o aceita e se compromete com ele não será julgado. Mas quem o rejeita atrai sobre si a condenação, pois rejeita a vida e seu autor.

Dessa forma, pode-se, tranquilamente, dispensar o juízo final, pois ele acontece aqui e agora, segundo a opção que cada um faz a favor da vida, com Jesus, ou contra a vida sem Jesus. No final dos tempos, não haverá surpresa alguma, pois aqui na terra as pessoas vão construindo sua salvação ou sua perdição a partir do confronto com as palavras e ações de Jesus. É ele quem o afirma: "O julgamento é isto: a luz veio ao mundo, mas as pessoas preferiram as trevas à luz, pois suas obras eram más" (Jo 3,19). A luz, evidentemente, é Jesus.

Nas comunidades do Discípulo Amado, havia pessoas que não se importavam com a luz, ou seja, viviam nas trevas e diziam: "Tudo bem! Não haverá julgamento final". Apoiavam-se nas próprias palavras de Jesus, que havia dito: "Quem escuta a minha palavra e crê naquele que me enviou tem a vida eterna e não vai ser julgado, mas passa da morte para a vida" (Jo 5,24). A primeira carta de João bate de frente com essas pessoas e afirma que haverá um julgamento final, apresentando também as condições para chegar, com serenidade, a esse momento. Veja, por exemplo, 2,28: "Agora, portanto, filhinhos, permaneçam em Cristo. Assim, quando ele se manifestar, teremos confiança total e não seremos confundidos por estarmos longe dele em sua Vinda". Veja também 4,17: "A perfeição do amor em nós é isto: que tenhamos confiança total no dia do Julgamento. De fato, neste mundo nós somos tal como ele é".

5. 3º desentendimento: o que é amar?

O terceiro conflito toca a "menina dos olhos" das comunidades do Discípulo Amado, *o mandamento do amor*. Nos três primeiros evangelhos, Jesus fala do mandamento número 1 e do segundo, semelhante ao primeiro: "O primeiro é... ame ao Senhor seu Deus de todo o seu coração, de toda a sua alma, de todo o seu entendimento, e com toda a sua força. O segundo é este: Ame seu próximo como a si mesmo" (Mc 12,29-31; veja Mateus 22,34 e seguintes; Lucas 10,25 e seguintes).

No Evangelho de João não existem mandamentos principais e secundários. Existe apenas um Novo Mandamento: "Amem-se uns aos outros assim como eu amei vocês", disse Jesus (veja 13,34). E mais: "Como o Pai me amou, assim também eu amei vocês. Permaneçam no meu amor" (15,9).

E como Jesus amou? "Tendo amado os seus que estavam no mundo, amou-os até as últimas consequências" (13,1), isto é, até dar a vida, pois "ninguém tem maior amor do que aquele que dá a vida por seus amigos" (15,13).

No capítulo 21, Jesus pergunta três vezes a Simão Pedro se o ama. Pedro responde sim, e Jesus lhe ordena que manifeste esse amor dando a vida pelas ovelhas, isto é, pelas pessoas.

Nas comunidades do Discípulo Amado, havia pessoas declarando que era possível conhecer e amar a Deus sem que isso implicasse amar as pessoas. Esse gesto representava a morte do mandamento do amor. Era o começo de um movimento chamado gnosticismo.

> **Gnosticismo**
> Gnosticismo (ou gnose) foi uma corrente de pensamento muito importante a partir do II século da nossa era. A palavra significa "conhecimento". Era um movimento amplo e bem complexo. Os gnósticos influenciaram profundamente as comunidades do Discípulo Amado. Alguns de seus membros começaram a dizer que conhecer a Deus é pura operação mental, sem nenhum compromisso com as pessoas, criando assim o divórcio entre o amor a Deus e o amor às pessoas. Dessa forma, negava-se um princípio básico das comunidades ligadas a João: provamos que amamos a Deus quando amamos as pessoas.
> O grupo que se afastou das comunidades do Discípulo Amado foi parar no gnosticismo e levou consigo o Evangelho de João, interpretando-o ao modo deles. Por causa disso, o Evangelho de João foi visto com desconfiança por mais de um século pelos cristãos, que não o usavam.

As cartas de João estão cravejadas de respostas a essa questão. Vamos ver algumas: 2,9: "Quem afirma que está na luz, mas odeia seu irmão, está nas trevas até agora". 3,10: "É assim que podemos distinguir os filhos de Deus dos filhos do diabo: aquele que não pratica justiça não é de Deus, nem aquele que não ama seu irmão". 3,14-15: "Aquele que não ama permanece na morte. Toda pessoa que odeia seu irmão é homicida". 4,7-10: "Amados, amemo-nos mutuamente, pois o amor vem de Deus e toda pessoa que ama nasceu de Deus e conhece a Deus. Quem não ama não conhece a Deus, porque Deus é amor. O amor de Deus por nós se manifestou desta forma: ele enviou ao mundo seu Filho único... O amor é isto: não fomos nós que amamos a Deus, mas foi ele que nos amou e nos enviou seu Filho...". 4,20-21: "Se alguém afirma que ama a Deus, mas odeia seu irmão é um mentiroso. Pois quem não ama seu irmão, a quem vê, a Deus, a quem não vê, não poderá amar. O mandamento que recebemos dele é este: aquele que ama a Deus, ame também seu irmão".

6. 4º desentendimento: quem possui o Espírito?

Desde o Antigo Testamento, Espírito Santo e profetas andam juntos, estes falando movidos por aquele. No Evangelho de João, Jesus declara que o Espírito é o Mestre dos discípulos, suscitando neles a memória das palavras e ações de Jesus: "O Espírito Santo, que o Pai vai enviar em meu nome, ensinará a vocês e lhes recordará tudo aquilo que eu disse" (Jo 14,26). E também: "Quando vier, o Espírito da Verdade conduzirá vocês à verdade plena, pois não irá falar de si mesmo, mas dirá tudo aquilo que tiver escutado, anunciando a vocês as coisas futuras" (Jo 16,13).

Portanto, a fidelidade dos cristãos a Jesus depende da escuta atenta do Espírito Santo. Aqui reside o quarto desentendimento nas comunidades do Discípulo Amado, um conflito no campo da *pneumatologia*, ou seja, referente ao Espírito Santo, que move os profetas.

Mas, desde o Antigo Testamento, há uma tensão entre verdadeira e falsa profecia. Como saber quando uma profecia é verdadeira e quando é falsa, sendo que o falso profeta é muito hábil em imitar o verdadeiro? De fato, nada se parece mais com um verdadeiro profeta do que um falso profeta (veja, por exemplo, Apocalipse 13,11-18). Nas comunidades do Discípulo Amado, todos se diziam movidos pelo Espírito. Como, então, discernir? A primeira carta de João oferece uma chave importante: para saber se uma profecia é verdadeira ou falsa, observe a serviço de quem está o profeta. Assim: "Amados, não acreditem em qualquer espírito, mas examinem os espíritos para ver se são de Deus. De fato, muitos profetas falsos vieram ao mundo. Eis o critério para reconhecer o espírito de Deus: todo espírito que confessa que Jesus se encarnou vem de Deus. Mas todo espírito que não confessa a encarnação de Jesus não é de Deus... Eles são do mundo; por isso falam conforme o mundo, e o mundo lhes dá atenção. Nós somos de Deus. Quem conhece a Deus é que nos escuta, mas quem não é de Deus não nos escuta. É assim que reconhecemos o espírito da verdade e o espírito do erro" (4,1-3.5-6).

7. Como resolver o impasse?

As comunidades do Discípulo Amado não tinham pessoas revestidas de autoridade para solucionar esses graves problemas internos. Como, então, resolver o impasse?
A saída encontrada foi recorrer às comunidades que tinham lideranças e hierarquia, como as comunidades ligadas a Simão Pedro. A aproximação foi lenta, e o preço, alto, pois acabaram assimiladas. Isso deve ter acontecido antes que surgisse 1 João, que é, provavelmente, a carta mais recente (veja abaixo).
É nessa época que se escreve o capítulo 21 do Evangelho de João, no qual sobressai a figura de Pedro como aquele que sabe puxar sozinho a rede cheia de grandes peixes e sem rupturas. De fato, Simão Pedro havia sido martirizado há meio século, e não seria justo que o Evangelho de João terminasse da forma antiga, que deixava Pedro vítima da dúvida e da perplexidade diante do sepulcro vazio.

As comunidades ligadas a Simão Pedro intervieram e resolveram, com autoridade, os conflitos internos das comunidades do Discípulo Amado. O resultado apareceu imediatamente.

8. A separação: "Eles saíram..." (1Jo 2,19)

Os resultados foram dois. O grupo que discordava foi obrigado a se retirar. É o que se lê em 1 João 2,19: "Eles foram embora do meio de nós, mas não eram dos nossos. Se tivessem sido dos nossos, teriam ficado conosco". Esse grupo foi para o gnosticismo.

O segundo resultado já foi apontado acima: as comunidades do Discípulo Amado foram assimiladas pelas comunidades com hierarquia e desapareceram.

Teste seus conhecimentos

Associe os 4 grupos às suas propostas erradas e às correções presentes nas cartas de João.

Grupos

O que dizem — *O que dizem as cartas de João*

O que dizem		O que dizem as cartas de João
Escatológicos: não há juízo final	❶ ○	Quem ama as pessoas conhece a Deus
Anticristos: Jesus foi só aparência	❷ ○	Nem todos têm o Espírito
Gnóstico: é possível conhecer a Deus sem amar as pessoas	❸ ❶	Haverá o juízo final
Espirituais: todos temos o Espírito	❹ ○	Jesus se encarnou de fato

Respostas: 3; 4; 1; 2.

9. Três cartas: qual a ordem?

As cartas de João são três. Mas a ordem em que aparecem no Novo Testamento não significa que tenham sido escritas nessa ordem, pois o critério adotado é muito simples, ou seja, a mais extensa é a primeira, e a mais curta, a última. Não há consenso entre os estudiosos acerca da data em que cada uma foi escrita. A ordem cronológica parece ser exatamente o contrário da ordem em que aparecem nas Bíblias. E é essa ordem que adotamos a seguir, examinando cada uma delas. A mais antiga seria, então, a terceira, e a mais recente, a primeira.

II. ABRINDO AS CARTAS

1. 3ª carta

A terceira carta tem apenas 15 versículos. Quem a escreve se autodenomina Ancião, e é dirigida a certo Gaio, personagem desconhecido. É, provavelmente, o coordenador de uma comunidade, e o Ancião o chama de "caríssimo", elogiando-lhe a fidelidade e confessando amor verdadeiro por ele.

A carta é motivada pela chegada de "irmãos" trazendo bom testemunho do comportamento de Gaio. O que ele faz é descrito a seguir.

Naquele tempo e lugar, muitos cristãos se dispunham a percorrer a região anunciando gratuitamente o Evangelho aos que não conheciam o Senhor Jesus. Gaio os acolheu e lhes dispensou cuidados, inclusive provendo-os do necessário para a viagem.

O Ancião afirma ter escrito algumas palavras à Igreja. Talvez se trate da segunda carta de João. Não sabemos onde se localizava essa Igreja. Mas há um tal de Diótrefes, acusado pelo Ancião de não o receber e de estar ambicionando o primeiro lugar. A acusação é grave, pois fere um dos princípios básicos das comunidades do Discípulo Amado, ou seja, o fato de não terem hierarquia. O capítulo 15 do Evangelho de João deixa isso bem claro: há uma radical igualdade entre todos, pois todos são ramos unidos a Jesus. Além disso, Diótrefes faz mau uso da autoridade que ambiciona, pois recusa-se a receber os missionários itinerantes e expulsa da Igreja aqueles que ousam fazê-lo.

Cita-se um tal de Demétrio e fala-se do testemunho geral que dão dele as pessoas e o próprio Ancião.

> **Ancião**
> O autor dessas cartas é o apóstolo João. Mas ele deixa de lado o título "apóstolo" – que poderia vir carregado do sentido de autoridade e de poder – e prefere chamar-se "Ancião", pessoa de idade avançada, carregada de experiência de vida, como nossos avós. Amamos nossos avós não porque eles detêm autoridade, mas porque têm a sabedoria da vida. Lembre-se: nas comunidades do Discípulo Amado, o único status que iguala a todos se chama "amor".
> É bom observar sempre a forma de tratamento carinhosa e fraterna usada nessas cartas.

2. 2ª carta

A segunda carta tem apenas 13 versículos. Seu autor autodenomina-se Ancião e é dirigida a uma comunidade chamada de Senhora eleita. Os motivos da carta são descritos em seguida.

O ancião se alegra por ter encontrado alguns membros dessa comunidade que permanecem fiéis ao único mandamento recebido do Pai por meio de Jesus: o amor.

O segundo motivo é para que a comunidade fique alerta diante das seduções do Anticristo. Os destinatários, certamente, já estão a par das propostas do Anticristo, pois a carta não o especifica. O Ancião é muito rigoroso, não permitindo nenhum desvio dos princípios fundamentais de sua doutrina. Além disso, pede para cortar todas as relações com quem manifeste pertencer aos ensinamentos do Anticristo: "Vocês não devem recebê-lo em casa nem cumprimentá-lo, pois quem o cumprimenta já está participando de suas obras más".

3. 1ª carta

A terceira carta é a mais extensa (5 capítulos) e aparece como primeira carta de João em nossas Bíblias. Seu conteúdo já foi, em parte, apresentado acima, quando falamos dos quatro desentendimentos dentro das comunidades do Discípulo Amado.

Abra sua Bíblia e complete os pensamentos indicados nos respectivos capítulos e versículos da primeira Carta de São João.

1,6: "Se dissermos que estamos em comunhão com Deus, mas caminhamos nas trevas _____
_____ "

1,8: "Se dissermos que não temos pecado, _____
_____ "

2,4: "Aquele que afirma que conhece a Deus, mas não guarda _____
_____ "

3,1: "Vejam que demonstração de amor nos deu o Pai:___
_____ "

3,2: "Desde já somos filhos de Deus, _____
_____ "

3,18: "Filhinhos, não amemos com palavras nem com a língua _____
_____ "

4,12: "Ninguém jamais contemplou a Deus. Se nos amarmos _____
_____ "

5,4: "Todo aquele que nasceu de Deus vence o mundo ___
_____ "

5,14: "Se pedimos alguma coisa a Deus, segundo sua vontade _____
_____ "

5,21: "Filhinhos, cuidado com os _____
_____ "

3
O Apocalipse

I. O AVESSO DO LIVRO

O Apocalipse é como um bordado: só é bonito quando o olhamos do lado certo. Se o olharmos pelo avesso, desaparece praticamente toda a sua beleza. Começamos este estudo olhando o avesso desse livro, ou seja, seu retrato em preto e branco. Com isso, queremos deixar claro *aquilo que o Apocalipse não é*.

Há pessoas e até grupos religiosos que olham somente o avesso do Apocalipse e fazem dele, como se diz, gato e sapato. Não são capazes de olhar o lado certo do bordado, e dessa forma o livro se torna extremamente assustador. Muitas pessoas desistiram de ler esse livro porque não imaginavam que existisse um modo diferente de fazê-lo.

Em primeiro lugar, o avesso do Apocalipse fala de medo, pois nele encontramos catástrofes ameaçadoras. Em segundo lugar, ele dá a entender que o fim do mundo está às portas. Nesse sentido, a religião do Apocalipse é uma espécie de cabresto que mantém as pessoas dominadas pelo medo e pelas ameaças de um deus terrível, que dá a impressão macabra de se alegrar vendo a humanidade ou parte dela queimando no fogo.

Em vez de atrair e cativar, o avesso assusta e afasta, como se tivéssemos entrado em uma casa assombrada, e nossa única reação fosse o medo e o pavor. A leitura feita a partir do avesso fez desse livro o texto mais judiado de toda a Bíblia. Não é o avesso quem fornece as chaves certas para uma sadia leitura e compreensão do Apocalipse.

> Converse com amigos ou familiares a respeito do Apocalipse. Que impressão causou nessas pessoas? Anote em uma folha as impressões negativas e, no fim deste estudo, volte a elas, para ver se ainda persistem.

II. O LADO CERTO

Quem lê o Apocalipse pelo lado certo do bordado, descobre que se trata de um dos livros mais fantásticos de toda a Bíblia, uma espécie de resumo de toda a Sagrada Escritura.

Em primeiro lugar, é preciso ter bem claro o tempo em que surgiu, sem esquecer as motivações que o provocaram.

1. Quando surgiu o Apocalipse?

O Apocalipse foi escrito por volta do ano 96 da nossa era. Seu autor se chama João, mas talvez isso seja um recurso usado pelo autor para não ser descoberto. Nessa época, os cristãos estavam sendo perseguidos em todo o Império Romano. A situação deles era de tal modo dramática que bastava a denúncia de serem cristãos para torná-los merecedores da morte. Entendemos, então, por que o autor se esconde por detrás de um personagem antigo, o apóstolo João.

Nessa época, o dono do mundo, ou seja, o imperador Domiciano, fortaleceu o culto ao imperador, como estratégia para manter o Império unido e sob suas ordens. O culto ao imperador consistia nisto: todos os imperadores do passado (Augusto, Tibério, Calígula, Cláudio, Nero, Vespasiano e Tito) deviam ser adorados como deuses. O mesmo culto era devido ao imperador vivo, Domiciano.

As cidades dentro do Império rivalizavam entre si por causa desse culto, pois o Senado Romano liberava muitas verbas para as cidades que construíssem templos a esses "deuses". Até a mãe de alguns imperadores, a cidade de Roma e o próprio Senado Romano tinham seus templos espalhados pelo

Império. De certa forma, ser contra o culto a esses "deuses" era ser contra a ordem e o progresso.

As pessoas eram cadastradas, de modo que ninguém podia comprar ou vender coisa alguma se não tivesse a "carteirinha" do culto a esses "deuses". Por essas e outras informações, percebe-se como era difícil ser cristão, sustentando que somente Jesus e Deus Pai devem ser tratados como "Senhor".

Outro fator importante nessa época é aquilo que costumamos chamar de "sincretismo religioso". Explicando melhor: naquela região havia muitas propostas religiosas. Não faltavam religiões, das mais variadas, e alguns cristãos consideravam ser possível "acender uma vela para Deus e outra...", ou, como se diz, "ter um pé em uma canoa e outro em outra".

O fato de aceitar outras religiões implodia a resistência dos cristãos, fazendo-os perder a cor própria, sua identidade.

Para refletir

Para algumas pessoas, religião é como ir à feira: a gente escolhe o que mais chama a atenção ou apetece. Assim sendo, pula-se de galho em galho, hoje nesta, amanhã naquela, e assim por diante. O que você pensa sobre isso? Anote aqui.

_____
_____
_____
_____
_____
_____
_____
_____
_____

2. Uma linguagem difícil

Você consegue decifrar o que está escrito nas pichações de muros e prédios? As gangues que fazem isso usam códigos que pouca gente entende. Algo semelhante acontecia no tempo do Apocalipse. Ele é um texto de linguagem difícil. Era um modo próprio de se comunicar em tempos de repressão política e religiosa. Você é do tempo da ditadura militar? Ela se iniciou em 1964 e terminou 20 anos depois. Você se lembra que tudo era proibido? Até os cantos de nossas celebrações religiosas eram censurados. Jornais apareciam com páginas inteiramente em branco, ou com poemas ou receitas de doces. Por quê? A resposta é simples: não se podia dizer aquilo que se queria.

Mas havia pessoas espertas em driblar a censura. Você se lembra de Chico Buarque? O que pretendia dizer com a música "Cálice"? Quem o escutava cantando, descobria que não se tratava de "Cálice", mas de "cale-se". E aquela outra música "Apesar de você", a quem era dirigida: à namorada ou a outra personalidade? E aquela outra "Vai passar", o que queria dizer? E, quem diria, que "Debaixo dos caracóis dos teus cabelos" era homenagem a Caetano Veloso exilado na Europa?

> **Divirta-se**
> Escolha uma dessas músicas acima mencionadas, ou outras, por exemplo, as de Geraldo Vandré, e descubra como tem brilho novo se a situarmos no tempo da repressão política e da censura. Na internet você encontra todas essas letras.

Algo semelhante, porém mais terrível, acontece no tempo do Apocalipse. Na Bíblia há dois livros desse tipo, ou seja, que usam linguagem codificada: o livro de Daniel e o próprio Apocalipse. O livro de Daniel apareceu no tempo em que os judeus eram duramente perseguidos e mortos pela cruel dominação dos gregos selêucidas, comandados por Antíoco

IV Epífanes. Isso aconteceu cerca de 160 anos antes de Jesus nascer. O objetivo do livro de Daniel é sustentar a resistência contra a dominação estrangeira dos gregos. Para não ser pego, o autor usa uma linguagem codificada e altamente simbólica, que só quem está por dentro da situação é que consegue compreender.

O livro de Daniel inspirou o autor de Apocalipse. Mas o dominador agora é outro: trata-se de Domiciano, autoridade máxima dentro do Império Romano. O autor escapou da morte e foi exilado em uma ilha no mar Egeu, chamada Patmos, que servia de cadeia para os que tivessem a ousadia de discordar do sistema. Ele também pretendeu motivar a resistência das comunidades cristãs, pois essa situação "vai passar", esse tipo de mundo iria acabar: "Apesar de você, amanhã há de ser outro dia...". Ele não se conformou com o "cale-se" e escreveu o Apocalipse, fazendo aquilo que, em nossos dias, cantava Raul Seixas: "Tente! E não diga que a vitória está perdida se é de batalhas que se vive a vida. Tente outra vez!"

"Neste nosso tempo, não há chefe, *profeta* ou dirigente..." (Dn 3,38). A fonte da profecia havia secado fazia tempo, e era necessária outra mediação para conduzir o povo. Os apocalípticos – ou seja, as pessoas que se comunicam com essa linguagem – tornaram-se os líderes populares na luta contra a dominação estrangeira. Se os profetas denunciavam, sobretudo, as injustiças cometidas pelos reis de Judá e de Israel, os apocalípticos denunciaram, em nome de Deus, a dominação estrangeira, liderando o povo na resistência contra qualquer forma de imperialismo. Portanto, a característica principal dos textos apocalípticos chama-se *resistência*.

> **Você já viu?**
> Talvez você já tenha visto como cresce a mandioca por baixo da terra: cresce a ponto de rachar a terra que a cobre. Talvez você já tenha visto como crescem as raízes das árvores por baixo do asfalto ou do cimento nas calçadas e ruas da

> cidade. São dois exemplos que ajudam a entender a vocação dos autores apocalípticos e sua mensagem. Eles não se conformam. Apesar de dominados, resistem e lutam, porque isso "vai passar" e porque "é de batalhas que se vive a vida". Você já viu o que acontece quando alguém é enterrado em uma cova rasa, como a terra vai abaixando pouco a pouco? Os apocalípticos não eram assim!

3. Uma linguagem simbólica

Ler o Apocalipse ao pé da letra é uma das maiores violências que podemos cometer contra o texto. Isso deve ter ficado claro quando falamos de nossos poetas que driblavam a censura naqueles tempos difíceis. É preciso, portanto, buscar o sentido oculto nos símbolos que esse livro apresenta. Explicar cada um deles seria tarefa interminável. Aqui apresentamos alguns macetes ou ferramentas para uma sadia leitura.

a) Normalmente, céu, sol, lua, estrelas, nuvens, relâmpagos, trovões, terra, rios, mar, região abaixo da terra possuem, no Apocalipse, significado simbólico. Aquilo que está acima da nossa cabeça (céu, sol...) representa a morada de Deus e, de algum modo, estão relacionados com ele; a terra representa a morada das pessoas; a região abaixo da terra e o mar, geralmente, representam o lugar das forças do mal.

b) Várias vezes o céu, o sol, a lua, as estrelas, a terra, o mar, os rios sofrem abalos ou transformações. Por exemplo: o sol fica escuro, a lua é manchada de sangue, as estrelas caem do céu etc. O sentido dessas transformações é o seguinte: já estamos vivendo o tempo em que o bem vence o mal, a vida vence a morte. Esse processo estará completo quando a justiça reinar plenamente sobre a terra. Portanto, longe de assustar, esses "fenômenos" pretendem encorajar, pois essa situação "vai passar".

c) Também as cores, quase sempre, têm sentido simbólico no Apocalipse. O *branco* representa a vitória de Jesus e dos seus seguidores sobre a morte; o *vermelho*, a violência; o *preto*, a carência; o *verde*, a morte.

d) No Apocalipse muitas coisas referentes à pessoa são símbolos que indicam uma realidade mais profunda. Por exemplo, as roupas são uma espécie de "carteira de identidade" de quem as veste. Em vez de dizer diretamente quem é tal pessoa, fala-se da roupa que ela está vestindo. Mais ou menos como em nossos dias: as camisetas que usamos frequentemente falam de nossa opção política, religiosa etc. Também as partes do corpo são, muitas vezes, simbolizadas: os pés representam a estabilidade; as mãos, a atividade; a testa, o pensamento; os olhos, o discernimento; a boca, a palavra; a coxa, a força; o braço, o poder etc. A mulher é sempre um símbolo que ultrapassa a realidade física. Ela representa algo que vai além da pessoa.

> **Exercício**
> Leia, em sua Bíblia, Apocalipse 1,9-20; 12,1 e 17,1-6 e confira com o que acabamos de dizer.

e) Podemos dizer que os animais são sempre figuras simbólicas no Apocalipse. Alguns deles executam ações boas; outros praticam ações más. O que isso significa? Os animais representam forças positivas ou negativas presentes em nossa história. Para saber se são forças positivas ou negativas, basta olhar a ação que cada um deles executa. Exemplo: o cavalo vermelho (6,4) representa uma força (cavalo) que derrama sangue, é violenta (vermelho).

f) Também os números são quase sempre simbólicos. Podemos dividi-los em perfeitos (ou de totalidade) e imperfeitos (ou de parcialidade). Números perfeitos ou de totalidade:

3, 4, 7, 12, 24, 144, 1000, 144000, milhares de milhares e milhões de milhões. Números imperfeitos (ou de parcialidade): 1/3, 1/4, 5, 10, 666 etc. Muitas vezes, encontramos um conjunto de três ou quatro elementos para falar de perfeição ou totalidade. Exemplos: 4,8: "Santo, Santo, Santo"; 5,13: céu, terra, debaixo da terra, mar.

> **666**
> O número da Besta (veja 13,18) pode ter dois significados. Primeiro: 3 (número perfeito) vezes um número imperfeito (6) = suprema imperfeição. Segundo: os judeus e os gregos usavam letras em lugar de algarismos, dando a cada letra um valor numérico. Somando os valores numéricos das letras que compõem um nome, temos o número da pessoa. Portanto, se somarmos os valores numéricos das letras hebraicas que formam o nome César Nero (QSR NRWN) temos o número 666. Esse processo se chama gematria.
> **Você pode brincar**: Dê valores numéricos às letras do alfabeto (a = 1; b = 2; c = 3; d = 4 etc.). Depois some tudo e veja seu número e o número de seus familiares ou amigos.

4. Os sete fios coloridos do bordado

O Apocalipse é um bordado feito com sete fios coloridos, as cores do arco-íris. Esses fios se misturam, entrelaçam-se, formando um conjunto harmonioso. Ou, se quisermos, os sete fios coloridos são, também, sete chaves para a boa leitura desse livro, de modo que não seja uma casa assombrada, mas um lugar bom de se viver.

a) O primeiro fio chama-se *resistência*. Os autores apocalípticos não tinham nada de alienados, passivos, conformados ou descompromissados. O objetivo de suas mensagens misteriosas e enigmáticas era animar as comunidades na resistência contra toda a forma de dominação política, econômica, religiosa etc. Os primeiros cristãos estavam conscientes de viverem tempos difíceis. Sabiam também que as coisas não mudariam de forma mágica, sem a cooperação deles. O livro que estamos estudando foi escrito em grego, e sua primeira palavra é *apokálypsis*. Normalmente traduzida por "revelação", ela esconde atrás de si o tema da *resistência*.

b) O segundo fio chama-se *denúncia*. Essa era a principal característica dos *profetas* no Antigo Testamento. Quando cessaram os profetas, surgiram os apocalípticos. Mas o Apocalipse é, ao mesmo tempo, profecia, ou seja, possui aquela visão profunda da realidade que não combina com a vontade de Deus. Por isso, não se cala: "É preciso que você continue ainda profetizando contra muitos povos, nações, línguas e reis" (10,11). Note-se o detalhe: *ainda* e *contra*. O capítulo 11 mostra as consequências do profetizar. No Apocalipse, *servo* é sinônimo de profeta.

c) O terceiro fio chama-se *urgência*. Em várias passagens, ficamos sabendo que o Apocalipse é portador de uma mensagem urgente. Não porque o mundo esteja acabando, mas porque é urgente a participação do povo na resistência contra esse tipo de mundo, que não corresponde à vontade de Deus. Isso "vai passar", garante o autor, mas não sem o esforço e a colaboração de cada um e de todos.

d) O quarto fio chama-se *felicidade*. O autor espalhou, ao longo do livro, *sete bem-aventuranças* ou proclamações de felicidade (1,3; 14,13; 16,15; 19,9; 20,6; 22,7; 22,14). Como vimos, sete é número perfeito. O Apocalipse, portanto, proclama que a felicidade é possível e realizável. Basta crer e agir.

e) O quinto fio chama-se *martírio* ou *testemunho*. Logo no começo (1,2), ficamos sabendo que o Apocalipse é o livro do testemunho. Testemunho que os cristãos dão de Jesus

Cristo, chegando, às vezes, ao *martírio* (palavra que significa testemunho). No capítulo 6 (versículos 10 a 11) encontramos o clamor dos mártires que pedem justiça a Deus. E a resposta que Deus lhes dá é a destruição de todo o mal e a criação de um mundo sem injustiças e males.

f) O sexto fio chama-se *celebração*. Desde o começo (1,3), ficamos sabendo que o Apocalipse deve ser lido e interpretado em clima de celebração. Aí se fala de um *leitor* e *ouvintes*. E a cada passo encontramos referências ao clima litúrgico que atravessa toda a obra. O livro é, portanto, uma grande celebração. Prova disso são os pequenos trechos de hinos litúrgicos cantados no céu ou na terra. A celebração abraça todo o universo.

g) O sétimo fio chama-se *esperança*. Guiada, iluminada e fortalecida pela *vitória de Jesus sobre a morte*, a humanidade não caminha rumo ao desespero, mas seu caminhar é feito de esperança luminosa. De fato, no final do livro, temos a destruição de todos os males e seus causadores (capítulo 20) e o surgimento de uma terra sem males, que o autor chama de Nova Jerusalém (capítulos 21 e 22). O nosso futuro é feito de esperança. O paraíso terrestre não é coisa do passado, mas meta a ser alcançada.

Compare esses sete fios coloridos do bordado com aquilo que, normalmente, dizem aqueles que leem o Apocalipse ao pé da letra. E faça suas escolhas.

III. OLHANDO O LIVRO DE PERTO

Com um montão de tijolos jogados por aí, pouco fazemos. Mas, se tivermos habilidade e criatividade, com eles podemos construir uma casa, desde que os organizemos bem. Algo semelhante acontece com todos os livros da Bíblia; de modo particular com o Apocalipse. Ele é um texto muito bem organizado, costurado e firme. Tem começo, meio e fim. O começo é composto pelos três primeiros versículos (1,1-3), e o fim se encontra em 22,6-21.

O meio, por sua vez, contém duas partes: a primeira começa em 1,4 e vai até o final do capítulo 3. A segunda se inicia em 4,1 e vai até 22,5.

A primeira parte se compõe de três pequenas unidades: 1,4-8: saudação às comunidades em forma de diálogo; 1,9-20: experiência de Jesus ressuscitado feita pelo autor exilado; 2,1-3,22: sete cartas às sete comunidades (Éfeso, Esmirna, Pérgamo, Tiatira, Sardes, Filadélfia e Laodiceia).

A segunda parte é composta de cinco unidades: **1.** Capítulos 4 e 5: introdução (fala-se de um trono, alguém que está sentado nele, do Cordeiro e de um livro fechado com sete lacres). **2.** Capítulos 6 e 7: unidade que trata do rompimento dos sete lacres. **3.** Unidade que se caracteriza pelo toque de sete trombetas (8,1-11,14): são o anúncio do julgamento de Deus. **4.** Apresentação de três grandes sinais (11,15-16,16): a Mulher, o Dragão e os sete Anjos com as sete pragas (ou taças). **5.** Encerramento (16,17-22,5): Cristo julga e vence as forças do mal, proporcionando o surgimento de um mundo novo.

1. Conhecendo o início e a primeira parte (1,1-3,22)

> **Exercício**
> Leia Apocalipse 1,1-3, em sua Bíblia, e anote as seguintes palavras ou expressões: revelação (ou Apocalipse); Jesus Cristo; servos + profecia; testemunho; feliz; leitor + ouvintes; pouco tempo.

Como se pode ver, os primeiros versículos do Apocalipse são um resumo de todo o livro. A seguir (versículos de 4 a 8), temos a saudação litúrgica em forma de diálogo entre o leitor e os ouvintes. Você pode usar essa saudação nas celebrações de sua comunidade. Aqui apresentamos apenas um esquema:

Leitor: Desejo a vocês... Chefe dos reis da terra.
Assembleia: A Jesus... para sempre. Amém!
Leitor: Ele vem com as nuvens... por causa dele.
Assembleia: É isso mesmo! Assim seja!
Leitor: Eu sou... o Deus Todo-poderoso.

Após a saudação, o autor do livro faz uma experiência extraordinária que marcará tudo o que vem a seguir. Ele está exilado na ilha de Patmos, por causa de seu testemunho cristão. No dia do Senhor (domingo), o mesmo dia em que as comunidades se reúnem para celebrar a fé em Cristo ressuscitado, ele faz a experiência do Senhor glorioso, razão principal de sua fé e da fé das comunidades perseguidas. Os sete candelabros representam as sete igrejas que irão receber a mensagem confortadora e animadora do Apocalipse. Jesus ressuscitado está no meio delas como animador e sustentador do testemunho cristão.

Exercício
Leia 1,9-20 e observe como se fala de Jesus ressuscitado mediante suas vestes e partes do corpo. Anote cada detalhe e tente descobrir o sentido de cada informação. Assim: Filho do homem = juiz; túnica longa = sacerdote; cinto de ouro = rei etc. Tente descobrir por que as sete igrejas estão na mão direita de Jesus.

As sete cartas às sete igrejas possuem um esquema comum, com pequenas variantes: **1.** Endereço ("Escreve ao Anjo da igreja de..."); **2.** Jesus se apresenta ("Assim fala..."); **3.** Jesus julga a comunidade ("Conheço..."). O julgamento, normalmente, é positivo (Jesus reconhece as coisas boas que a comunidade possui) e negativo (ele mostra os pontos em que a comunidade precisa melhorar). Às vezes, o julgamento é só positivo (Jesus não aponta nenhum defeito), e uma vez somente negativo (a comunidade está morta do ponto de vista do testemunho); **4.** Segue-se um convite pessoal para a comunidade; **5.** O convite se estende a todas as comunidades ("Quem tem ouvidos..."); **6.** Promessa ao vencedor ("Ao vencedor...").

Éfeso foi a comunidade-mãe de todas as outras. Ela e a de Laodiceia têm algo em comum: ambas perderam a resistência e abandonaram o amor. Esmirna e Filadélfia têm algo em comum: Jesus não lhes aponta nenhum defeito; Esmirna é indigente, e Filadélfia, frágil; Pérgamo e Sardes se opõem mutuamente. A primeira resistiu contra o culto ao imperador, a ponto de perder seu líder (Antipas); a segunda foi engolida pelo sistema (está totalmente morta). No centro das sete comunidades, está Tiatira. Nela, encontra-se uma figura simbólica – chamada Jezabel –, que, ocupando um cargo importante, engana e seduz a comunidade, levando-a à prostituição, ou seja, ao culto imperial.

Com esses poucos elementos, você pode percorrer cada uma das sete cartas, aprofundando os pontos com a ajuda de outros subsídios.

Um rosto próprio para cada comunidade

Para cada uma das sete comunidades, Jesus tem um rosto próprio e uma linguagem adaptada à realidade de cada lugar. Tomamos, como exemplo, a comunidade situada na cidade de Sardes (3,1-6). A cidade tinha fama de ser cheia de vida; no entanto, Jesus diz que a comunidade que aí reside está morta. Sardes era famosa pelas confecções de lã. Jesus fala de outro tipo de vestes. Apesar de suas muralhas protetoras, ao longo da história, ela foi assaltada várias vezes, pondo em perigo a vida da população. Jesus fala de vigilância. Sardes, se não vigiar, será sempre presa de ladrões e assaltantes. Os atletas eram premiados com vestes brancas. Jesus garante que o vencedor receberá dele vestes brancas, ou seja, promete-lhe a ressurreição.

Se você quiser, poderá pesquisar acerca das demais cidades do Apocalipse, servindo-se de outros subsídios, como bons comentários, dicionários bíblicos e Internet. E descobrirá que, para cada cidade, Jesus tem um rosto próprio e uma linguagem inculturada na realidade do lugar.

2. Conhecendo a segunda parte (4,1-22,5)

A segunda parte se compõe de cinco unidades, que iremos conhecer a seguir.

Primeira unidade (capítulos 4 e 5)

Confiando em sua capacidade, oferecemos a explicação dos principais símbolos, de modo que você mesmo poderá fazer um resumo.

Entrar pela porta aberta no céu = ler os fatos com os olhos da fé.

Trono = poder.

Alguém sentado = aquele que possui e exerce o poder.

Pedra de jaspe, cornalina e esmeralda = preciosidade, raridade.

Arco-íris = aliança de Deus com toda a humanidade.

24 tronos = números perfeitos (12 + 12); poder partilhado.

24 Anciãos = números perfeitos (12 + 12), todos os mártires.

Vestes brancas = símbolo da ressurreição.

Coroa de ouro = vitória.

Relâmpagos, vozes, trovões = conjunto de três elementos, comunicação perfeita de Deus.

Sete lâmpadas de fogo	=	plenitude do Espírito.
Mar de vidro	=	o mal dominado e sob o controle de Deus.
Quatro Seres vivos	=	conjunto de quatro (totalidade), forças positivas do Espírito.
Cheios de olhos pela frente e por detrás, por dentro e por fora	=	totalmente cheios do Espírito.
Leão	=	o mais forte dos animais selvagens.
Touro	=	o mais forte dos animais domésticos.
Homem	=	o mais perfeito ser criado.
Águia	=	a mais forte das aves.
Santo! Santo! Santo!	=	conjunto de três elementos (perfeição).
Aquele-que-é, que-era, que vem	=	presente, passado, futuro (Senhor do tempo).
Mão direita	=	poder, força.
Livro	=	a história da humanidade.
Escrito por dentro e por fora	=	totalmente escrito.

Sete lacres	=	totalmente impenetrável.
Leão da tribo de Judá	=	título de Jesus Messias.
Rebento de Davi	=	título de Jesus Messias.
Cordeiro de pé, como que imolado	=	Jesus vencedor da morte.
Sete chifres	=	plenitude do poder.
Sete olhos	=	plenitude de Espírito.

Segunda unidade (capítulos 6 e 7)

A segunda unidade começa pela abertura do livro, a história da humanidade. Jesus, vencedor da morte, vai mostrando como é nossa história. É um retrato duro e cruel, pois os quatro primeiros lacres correspondem ao surgimento de quatro cavalos com seus respectivos cavaleiros.

O primeiro cavalo é branco e representa o antigo império dos Partos, considerados "as feras da terra". Criavam cavalos brancos, e simbolizam a ganância, o desejo de tudo possuir e conquistar pela força das armas (o cavaleiro carrega um arco, a arma de guerra dos Partos). E a ganância gera a violência.

De fato, o segundo cavalo é vermelho, ou seja, é uma força violenta que derrama sangue. Simboliza o Império Romano, cuja arma preferida era a espada. Pela força das armas, os romanos impunham uma "paz de cemitério". Por isso, o Apocalipse afirma que esse cavaleiro, com seu cavalo, "tira da terra a paz". A dominação romana explora economicamente os povos dominados, provocando racionamento e fome.

É disso que fala o terceiro cavalo, preto, com seu cavaleiro carregando uma balança, símbolo do racionamento e do arrocho. As pessoas têm de trabalhar um dia para comprar um quilo de farinha de trigo, ou três quilos de cevada. Os romanos é que decidiam aquilo que os povos dominados deviam plantar e colher. O azeite servia para a iluminação e calefação nas grandes cidades, e o vinho era considerado produto supérfluo. Não podendo produzir para sobreviver, os preços da cesta básica iam às nuvens, e o povo morria de fome.

Por isso surge o quarto cavalo, esverdeado, representando a morte por causa da desnutrição e da peste. Ele e seu montador ceifam 1/4 da humanidade, fechando, de modo macabro, o retrato cruel da nossa história, uma grande romaria rumo ao cemitério.

Será mesmo assim? Não haverá uma saída? Nascemos e vivemos para engrossar essa enorme procissão de morte? E Deus, onde está? O que faz? O rompimento do quinto lacre traz a grande novidade: o sangue dos mártires clama a Deus por justiça, e ele responderá sem demora.

> **Exercício**
>
> Leia Apocalipse 6,12-17. Você encontrará a resposta de Deus ao clamor dos mártires. Ela está simbolizada nos sete abalos cósmicos (o sol que fica escuro, a lua cor de sangue etc.), e o julgamento de Deus atingirá a todos (sete grupos: reis da terra, magnatas etc.). Anote os sete abalos e os sete grupos atingidos pelo julgamento de Deus e escreva aqui suas impressões.
>
> _____
> _____
> _____
> _____
> _____

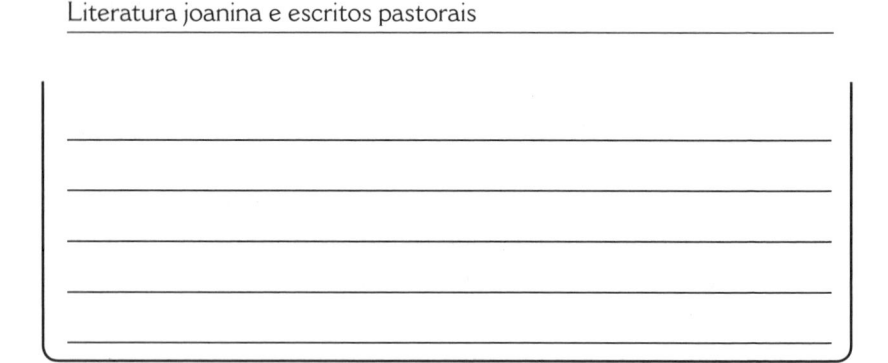

"Ficar de pé" (final do capítulo 6) significa ser declarado inocente no julgamento de Deus. Quem tem certeza de não ter nenhum "rabo preso" com esse mundo injusto? Será que eu e você poderemos "ficar de pé"?

O autor do Apocalipse é muito otimista (capítulo 7). Olhando pela janela do passado, ou seja, para o Antigo Testamento, ele vê 144000 (resultado da multiplicação de números perfeitos: 12 X 12 X 1000) de todas as tribos de Israel – menos a tribo de Dã, que se entregou à idolatria. Olhando pela janela do presente e do futuro, ele vê uma multidão incontável de pessoas que permaneceram fiéis, foram capazes de seguir radicalmente os passos de Jesus (alvejaram as próprias roupas no sangue de Jesus) e foram como ele vencedoras. Com isso, retorna a esperança. Como dizia um poeta: "Quem sabe faz a hora...".

Terceira unidade (8,1-11,14)

Essa unidade é conhecida pelo toque das sete trombetas. Naquele tempo, o toque de trombeta representava um aviso ou anúncio de algo importante. Em nossas cidades, ouvimos o apito de ambulâncias e ficamos sabendo que aí vai um doente; ou a sirene dos bombeiros ou da polícia... Antigamente, nas aldeias, o sino era importante veículo de comunicação: anunciava missa, falecimentos, enterros etc.

O que anunciam os sete toques de trombeta? Anunciam que Deus já está julgando a nossa história, e seu julgamento é mais forte e intenso do que no passado. Isso é dito, sobretudo, pelos quatro primeiros toques de trombeta, que retomam algumas pragas do Egito, ampliando-as. Por exemplo: quando o primeiro Anjo toca a trombeta, cai do céu sobre a terra uma chuva de pedra e fogo, misturada com sangue (8,7). Isso recorda a sétima praga do Egito (Ex 9,13-35), quando caíram sobre a terra chuva de pedra e raios (fogo). No primeiro toque de trombeta, porém, encontramos um elemento a mais, o sangue. Isso significa que, no presente momento, Deus está julgando a sociedade injusta com força e energia maiores do que no tempo da opressão egípcia. O mesmo esquema vale para os outros três toques de trombeta.

> **Comparações**
> O quinto e sexto toques de trombeta encontram-se no capítulo 9 e mostram que Deus julga a história também mediante outros acontecimentos. Pense no seguinte:
> **1.** Você consegue compreender tudo que está por detrás de certas organizações do mal, como o tráfico de drogas, de armas, de órgãos, de pessoas? Você alcança entender a rede que envolve a corrupção em nosso país e no mundo? Depois de pensar nisso, leia 9,1-12 e preste atenção nas rápidas transformações dos gafanhotos gerados pela nuvem de fumaça saída do Abismo.
> **2.** Pense um pouco nas guerras do passado e do presente; pense nas bombas atômicas, que podem destruir a terra milhares de vezes. A seguir, leia 9,13-19 e tente responder às seguintes questões: não são loucura esses acontecimentos? Não são falta de juízo todos esses modos de agir? Não é insensatez o homem cavar a própria sepultura? Não são esses fatos um alerta de Deus à humanidade? Pois bem, o capítulo 9 mostra que Deus alerta a nossa consciência também mediante esses fatos.

Mas o ser humano não cria juízo. Estaríamos, então, perdidos? Não, pois a grande chance que a humanidade recebe de Deus, para não se autodestruir, chama-se profecia. A ação dos profetas, que anunciam o projeto de Deus e denunciam suas distorções, é a derradeira chance. E todo cristão é chamado a ser profeta.

Todavia, como tornar-se profeta? É preciso "devorar" o Evangelho. É disso que fala o capítulo 10. Mas não é fácil ser profeta em um mundo cheio de injustiças, pois o "prêmio" dado aos profetas é a morte. Sorte cruel! Mata-se um profeta, mas não se pode matar a profecia (leia 11,1-14).

Quarta unidade (11,15-16,16)

A quarta unidade é o coração do Apocalipse e, ao mesmo tempo, o momento de maior tensão. Costumamos sublinhar nessa unidade os três sinais: a Mulher, sua luta contra o Dragão (12,1-4) e os sete Anjos com as sete pragas (15,1). A Mulher é uma figura polivalente, representando, em primeiro lugar, as comunidades cristãs em sua luta para dar à luz o projeto de Deus. Diante dela, encontra-se o Dragão, disposto a devorar o fruto da Mulher. O Dragão é o oposto do Deus Pai, criador e doador da vida; de fato, seu desejo é tirar a vida. Deus Pai confiou ao Filho Jesus a realização de seu projeto de vida; e o Dragão confiou à primeira Besta seu projeto de tirar a vida. No tempo do Apocalipse, essa Besta era o Império Romano e seu aparato repressor. O Espírito Santo, memória viva das palavras e ações de Jesus, atua na vida das pessoas, levando-as ao testemunho e a profetizar. A segunda Besta, também chamada de Falso Profeta, imita quase à perfeição as palavras e as ações do Espírito Santo, levando as pessoas a adorar a Mentira. Disso falam os capítulos 12 e 13.

Exercício

Faça, por sua conta, um estudo dos capítulos de 14,1 a 16,16, do livro do Apocalipse, respondendo, com sua Bíblia, às seguintes perguntas:

1. Com quem estão de pé sobre o Monte Sião aqueles que, em vez de aceitarem a marca da segunda Besta, foram marcados na testa com o nome de Jesus e o nome do Pai dele? (14,1) _____

2. O que dizia o Anjo que voava no meio do céu com um evangelho eterno? (14,7) _____

3. Quem preside o julgamento sentado em uma nuvem branca? (14,14) _____

4. O trigo, que representa os bons, é ceifado, ou seja, eles são salvos. Mas as uvas, que simbolizam os maus, têm outra sorte. O que acontece com elas? (14,19) _____

<small>Respostas: 1. Cordeiro; 2. "Temam a Deus e deem glória a ele"; 3. Um Filho de Homem; 4. Foram lançadas no grande lagar do furor de Deus.</small>

Os sete Anjos, derramando as sete pragas (ou taças), representam o julgamento definitivo e completo. Cada um recebe aquilo que sua conduta merece. Leia os capítulos 15 e 16 do livro do Apocalipse e relacione:

O 1º Anjo despeja sua taça	①	( ) nos rios e nas fontes.
O 2º Anjo despeja sua taça	②	( ) no ar.
O 3º Anjo despeja sua taça	③	( ) no mar.
O 4º Anjo despeja sua taça	④	(①) na terra.
O 5º Anjo despeja sua taça	⑤	( ) no Rio Eufrates.
O 6º Anjo despeja sua taça	⑥	( ) sobre o trono da Besta.
O 7º Anjo despeja sua taça	⑦	( ) no sol.

<small>Respostas: 3; 7; 2; 1; 6; 5; 4.</small>

Quinta unidade (16,17–22,5)

As sete taças foram derramadas. O Evangelho foi a última e grande chance oferecida a todos. Agora, o Apocalipse mostra a destruição de todas as forças do mal e o surgimento da Nova Jerusalém, a sociedade sem males. O pivô de toda injustiça era a cidade de Roma, capital do Império, pois estava embriagada com o sangue dos cristãos. O capítulo 17 a descreve como a grande prostituta, mãe pervertida, que dá à luz todo tipo de mal. No capítulo 18, descrevem-se as reações dos que mantinham essa realidade e com ela se enriqueciam: os donos do poder político (reis da terra), os donos do poder econômico (comerciantes) e os responsáveis pela propaganda (navegadores). O capítulo 19 é uma grande celebração, marcada por "aleluias", pois Deus agiu, julgou e destruiu a sociedade injusta.

No capítulo 20, temos o desaparecimento das outras fontes de morte: tudo o que gera o mal (Dragão, primeira Besta, segunda Besta etc.) é anulado e destruído. Enfim, a morte encontra a própria morte, para sempre.

Destruída toda forma de opressão e injustiça, surge a Nova Jerusalém, cidade e esposa do Cordeiro, que é Jesus. Ela desce do céu para a terra, e tudo nela é perfeito. A linguagem é refinadamente simbólica e dá a entender que uma sociedade justa tem o próprio brilho de Deus. Assim voltamos ao paraíso terrestre, que não é uma realidade perdida, mas uma meta a ser alcançada. Não é saudade do passado, mas esperança que brilha no horizonte da nossa história. O próprio Deus deixa sua morada no céu e vem habitar nesta terra, pois nela não há mais maldição alguma, isto é, a fraternidade é seu valor supremo, pois o único ser humano amaldiçoado por Deus foi Caim, por ter matado seu irmão. Dizer que na Nova Jerusalém não haverá mais maldição significa que a fraternidade será a lei suprema que regerá todas as relações entre os seres humanos.

Divirta-se

Leia 21,9-21 e anote as dimensões da Nova Jerusalém: nela tudo é perfeito, precioso e raro. Mas lembre-se: trata-se de linguagem simbólica, não real.

Para aprofundar o final do livro (22,6-21): relacione-o com o início do livro (1,1-3), pois tanto no começo quanto no fim os temas se repetem. Finalmente, escreva em uma folha as mais importantes descobertas que você fez ao estudar o Apocalipse.

Escritos pastorais

Carta aos Hebreus – Carta de Tiago
Primeira carta de Pedro
Segunda carta de Pedro
Carta de Judas

4
A carta aos Hebreus

I. ANTES DE ABRIR A CARTA

1. Carta?

Estamos acostumados a ouvir falar da "carta aos Hebreus". Na verdade, não se trata de carta. O texto é mais parecido a um sermão, ou uma homilia, ou um discurso, pois lhe faltam todos os elementos típicos de uma carta: quem escreve (remetente), para quem escreve (destinatário) etc. Normalmente, uma carta adota o estilo livre de se comunicar, sem uma organização rigorosa, como acontece em Hebreus. Você poderá conferir isso comparando o começo de qualquer carta de Paulo ou de outros com o início de Hebreus, e notará a diferença.

Por que, então, Hebreus é chamada de carta? Por causa do final (13,22-25), onde, de fato, encontram-se informações de pessoas e do próprio autor, típicas de uma carta. Mas há consentimento entre os especialistas de que se trata de um acréscimo. Alguém, no fim de uma cópia de Hebreus, acrescentou essas informações pessoais, fato que não torna Hebreus uma carta.

O estilo é solene, pomposo, típico de uma pregação escrita, ou um sermão, ou uma homilia. Além disso, o texto está muito bem organizado e dividido em partes que se dão as mãos, dependendo uma da outra. Normalmente, o final de uma remete ao início da outra.

2. De Paulo?

Hebreus não é um texto de Paulo, pois foge das cartas paulinas sob muitos aspectos: a linguagem, o tema central, o estilo e várias outras características de Hebreus. Há pouco mais de um século, ninguém duvidava que fosse um texto de Paulo, mas, com o surgimento dos estudos mais profundos e sofisticados, chegou-se à constatação de que o Apóstolo não tem nada a ver com Hebreus.

Quem poderia, então, ter escrito esse texto? Impossível descobrir. Há várias hipóteses, nenhuma delas satisfatória: Apolo, Barnabé, Lucas, outras pessoas, inclusive Nossa Senhora. É inútil, portanto, especular acerca da autoria desse texto, que, por facilidade, continuamos chamando-o "carta aos Hebreus".

3. Aos Hebreus?

Também não é correto dizer que a carta se dirige aos Hebreus. Então, por que se chegou a dar-lhe esse nome? A resposta vem da problemática do texto. De fato, de ponta a ponta, aborda-se um tema precioso para os judeus, ou seja, o tema do sacerdócio, do Templo e seus sacrifícios.

A quem, então, era destinada essa carta? Com certeza a cristãos de origem judaica, espalhados por todo o Império Romano. Hebreus, pois, deveria ter sido na origem um texto várias vezes reproduzido, cujas cópias circulavam pelas comunidades cristãs, sobretudo pelas comunidades constituídas de pessoas vindas do judaísmo, como, por exemplo, as comunidades ligadas a Mateus e a Pedro. Uma dessas cópias teria levado o acréscimo final, tendo o privilégio de haver chegado a nós.

4. Quando e onde?

Data e local são desconhecidos. Se levarmos a sério o final (13,22-25), deveríamos dizer que foi escrita na Itália. O texto dá a impressão de que o Templo de Jerusalém ainda está de pé, funcionando regularmente, sob o comando do sumo sacerdote, com todos os ritos e sacrifícios próprios do Antigo Testamento. A carta recorda uma perseguição contra os cristãos e que já acabou (10,32-34) ou está prestes a acabar (13,3); mas também essa indicação não é suficiente para se estabelecer uma data exata. Certo é que o texto demonstra estarmos bem após a pregação dos apóstolos (veja 2,3-4).

5. Por que foi escrita?

Os motivos podem ser descobertos nas exortações entremeadas na exposição do tema e, sobretudo, nos capítulos 12-13: aí se pede para não se cansar, não perder o ânimo (12,3). "Vocês ainda não resistiram até o derramamento do sangue na luta contra o pecado e já se esqueceram da exortação que lhes foi dirigida como a filhos" (12,4-5a). Além disso, a carta alerta para o perigo da apostasia (10,26-31). Vamos ver isso de perto.

Descubra você mesmo! Em seguida, você encontrará as exortações mais importantes da carta. Leia e descubra os motivos pelos quais esse texto surgiu.

2,1: "Por isso, devemos levar mais a sério a mensagem que ouvimos, se não quisermos perder o rumo".

4,1.11: "Por isso, tenhamos cuidado enquanto nos é oferecida a oportunidade para entrar no descanso de Deus. Não aconteça que alguém de vocês fique para trás... Apressemo-nos, pois, para entrar nesse descanso, para que ninguém caia no mesmo tipo de desobediência!"

6,1-3: "Assim, deixando de lado as instruções elementares sobre Cristo, vamos tratar de assuntos de adultos. Não trataremos de coisas elementares, tais como: conversão das obras mortas e fé em Deus, doutrina dos batismos, imposição das mãos, ressurreição dos mortos e julgamento eterno. E assim tentaremos fazer, se Deus quiser".

10,22-25: "Aproximemo-nos, pois, de coração sincero, cheios de fé, com o coração purificado da má consciência e o corpo lavado com água pura. Sem vacilar, mantenhamos a profissão da nossa esperança, pois aquele que fez a promessa é fiel. Tenhamos consideração uns com os outros, para nos estimular no amor e nas boas obras. Não deixemos de frequentar as nossas reuniões, como alguns costumam deixar. Ao contrário, procuremos animar-nos sempre mais, principalmente agora que vocês estão vendo como se aproxima o Dia do Senhor".

12,1b-17: "Corramos com perseverança na corrida, mantendo os olhos fixos em Jesus, autor e consumador da fé. Em troca da alegria que lhe era proposta, ele se submeteu à cruz, desprezando a vergonha, e se assentou à direita do trono de Deus. Para que vocês não se cansem e não percam o ânimo, pensem atentamente em Jesus, que suportou contra si tão grande hostilidade por parte dos pecadores. Vocês ainda não resistiram até o derramamento do sangue na luta contra o pecado e já se esqueceram da exortação que lhes foi dirigida como a filhos: 'Meu filho, não despreze a correção do Senhor e não perca o ânimo quando for repreendido por ele; pois o Senhor corrige a quem ele ama e castiga a quem aceita como filho'. Em vista da educação é que vocês sofrem. Deus trata-os como filhos. E qual é o filho que não é corrigido pelo pai? Pelo contrário, se vocês não são corrigidos como acontece com todos, então vocês são bastardos e não filhos. Ademais, tivemos nossos pais humanos como educadores e os respeitamos. Será que não devemos nos submeter muito mais ao Pai dos espíritos para termos a vida? Nossos pais humanos, por pouco tempo, corrigiam-nos, como melhor lhes parecia; Deus, porém, corrige-nos para o nosso bem, a fim de que sejamos participantes de sua própria santidade. Na hora, qualquer correção parece não ser motivo de alegria, mas de tristeza; porém, mais tarde, ela produz um fruto de paz e de justiça naqueles que foram corrigidos. Por isso, levantem as mãos cansadas e fortaleçam os joelhos enfraquecidos. Endireitem os caminhos por onde terão de passar, a fim de que o aleijado não manque, mas seja curado. Procurem estar em paz com todos. Progridam na santidade, porque sem ela ninguém verá o Senhor. Vigiem para que ninguém abandone a graça de Deus. Que nenhuma raiz venenosa cresça no meio de vocês, provocando perturbação e contaminando a comunidade. Não haja nenhum fornicador ou profanador, como Esaú, que vendeu seus direitos de filho primogênito em troca de um prato de comida. E vocês bem sabem que a seguir ele foi rejeitado, quando quis obter a bênção como herança, porque não encontrou a possibilidade de seu pai mudar a decisão, embora ele pedisse isso com lágrimas".

13,1-5.17-19: "Perseverem no amor fraterno. Não se esqueçam da hospitalidade, pois algumas pessoas, graças a ela, sem saber, acolheram anjos. Lembrem-se dos presos, como se vocês estivessem na prisão com eles. Lembrem-se dos que são torturados, pois vocês também têm um corpo. Que todos respeitem o matrimônio e não desonrem o leito nupcial, pois Deus julgará os libertinos e adúlteros. Que a conduta de vocês não seja inspirada pelo amor ao dinheiro. Cada um fique satisfeito com o que tem, pois Deus disse: 'Eu nunca deixarei você, nunca o abandonarei'. Respeitem os dirigentes e sejam dóceis a eles, pois eles se dedicam pelo bem de vocês e terão de prestar contas disso. Assim, eles poderão fazê-lo com alegria e não gemendo, o que não seria vantajoso para vocês. Rezem por nós, pois acreditamos que nossas intenções são puras e só queremos agir bem em tudo. Rezem com insistência ainda maior para que eu possa voltar até vocês o quanto antes".

6. Qual é o assunto da carta?

O assunto é a pessoa de Jesus, sumo sacerdote misericordioso e fiel: *misericordioso em relação às pessoas*. A encarnação é o começo de sua misericórdia, pois é com ela que se torna irmão entre irmãos, a fim de salvá-los; *fiel em relação a Deus*, que lhe confiou essa missão. Modelo antigo disso foi Moisés, administrador da "casa de Deus" (isto é, o povo). A diferença está no fato de que Moisés foi um servidor, ao passo que Jesus é filho e dono da casa. A "casa" confiada a Moisés se rebelou, ao passo que a "casa" do filho deve conservar a firmeza da esperança. Os rebeldes da "casa" confiada a Moisés não entraram no descanso (= a Terra Prometida). Jesus é o novo Josué (em hebraico é o mesmo nome), que introduzirá no Descanso aqueles que lhe forem fiéis.

> **Josué/Jesus**
> Em hebraico, Josué e Jesus são o mesmo nome (*Iehoshua* ou *Ioshua*) e significam "Javé é salvação", ou "Javé salva". Por causa da coincidência de nome entre Josué e Jesus, os primeiros cristãos viam no primeiro uma figura do segundo; isto é, Josué, aquele que introduziu o povo de Deus na Terra Prometida é figura de Jesus, aquele que introduz as pessoas na vida eterna.

II. ABRINDO A CARTA

Como está organizada

A carta aos Hebreus é um texto bem organizado, e existem várias propostas. Examinando a divisão que propomos a partir daqui, você poderá compreender como se trata de um texto bem "amarrado", no qual as partes estão interligadas.

1,1-4: Introdução. O texto se inicia mostrando Jesus como o centro e o ponto alto da comunicação de Deus com a humanidade. Até Jesus, ele falou e se comunicou por meio dos profetas. Mas com a chegada de seu Filho, a revelação de Deus chega a seu ponto mais alto, pois nele reside o próprio brilho divino; Jesus é o esplendor da glória de Deus, e, no Filho, Deus se expressou tal como é em si mesmo.

1. Primeira parte (1,5-2,18): Jesus acima dos anjos

O texto está repleto de citações bíblicas (Antigo Testamento) com o objetivo de mostrar que Jesus está acima dos anjos, tidos como mensageiros de Deus. É um desdobramento da introdução, comprovando com citações bíblicas, que Jesus é a comunicação perfeita e plena de Deus. Quando imaginamos que Deus se comunica mediante anjos, corremos o risco de afastá-lo da vida das pessoas e da história da humanidade. Mas se considerarmos que Jesus é a comunicação perfeita de Deus, então ele se torna companheiro de caminhada, construindo história com as pessoas.

A encarnação é o começo dessa comunicação plena e é também o ponto de partida da missão de Jesus, desdobrada em duas dimensões: fiel e misericordioso. Fiel em relação a Deus; misericordioso para com as pessoas. E assim o tema se abre para a segunda parte.

2. Segunda parte (3,1-5,10): Jesus, sumo sacerdote fiel e misericordioso

A carta introduz o tema do sacerdócio de Jesus em sua dupla dimensão: fidelidade e misericórdia. Ele é apresentado como sacerdote fiel porque obedece a Deus, realizando seu projeto. O texto põe lado a lado as figuras de Moisés e de Jesus, salientando a superioridade do segundo. Moisés foi fiel a Deus enquanto servidor, sem todavia conseguir introduzir o povo (= a casa de Deus) no descanso, isto é, a Terra Prometida.

Jesus é superior a Moisés, pois não é simples servidor, mas Filho, ou seja, dono da casa (= povo de Deus). Ao contrário de Moisés, ele introduz o povo no Descanso, isto é, na vida plena. Por isso ele é o sacerdote plenamente fiel a Deus.

Mas é também misericordioso para com as pessoas. A comparação se estabelece agora entre Jesus e Aarão, tido como "pai" do sacerdócio judaico. A superioridade de Jesus é evidente, pois o sacerdócio de Aarão e seus descendentes está situado na terra e desempenha uma liturgia terrena. O sacerdócio de Cristo, pelo contrário, é celeste: ressuscitando, ele atravessou o céu, vivendo para sempre a compaixão que testemunhou em sua paixão. O sacerdócio de Jesus não se parece, pois, com o sacerdócio de Aarão, mas com o de Melquisedec. O sacerdócio de Melquisedec tinha origem misteriosa; o sacerdócio de Jesus tem origem divina.

3. Terceira parte (5,11-10,39): O sacerdócio de Jesus Cristo é sem comparação

Essa é a parte central da carta e seu ponto alto. Compara o sumo sacerdócio antigo e o sumo sacerdócio de Jesus e mostra a superação da antiga aliança e o surgimento da nova.

O sacerdócio antigo:	*O sacerdócio de Cristo:*
A) escolhido dentre o povo	**A)** Filho gerado pelo Pai (Sl 2,7) e sacerdote para sempre, segundo a ordem de Melquisedec (Sl 110). A grandiosidade de Melquisedec é reconhecida por Abraão, que lhe dá o dízimo de tudo.
B) para oferecer dons e sacrifícios pelos pecados,	**B)** O sacerdote da antiga aliança entrava no santuário feito por mãos humanas a fim de oferecer dons e sacrifícios. "Nós temos um sumo sacerdote tão grande, que se assentou à direita do trono da Majestade de Deus no céu. Ele é ministro do santuário e da verdadeira tenda, que foi construída pelo Senhor e não por um homem" (8,1-2). Comparação entre o antigo santuário e o novo (capítulo

9). O antigo se compunha do "Santo" e do "Santo dos santos". Neste, uma vez ao ano, o sacerdote entrava com o sangue a ser oferecido por si mesmo e pelos pecados do povo. "Cristo, porém, atravessou uma tenda muito maior e mais perfeita, não construída por mãos humanas... Entrou de uma vez por todas... com seu próprio sangue, depois de conseguir para nós uma libertação definitiva."

C) sendo ele próprio marcado pela fraqueza e pelo pecado.

C) Cristo se ofereceu a Deus como vítima sem mancha. Ele purificará das obras da morte a nossa consciência, para que possamos servir ao Deus vivo (9,14).

4. Quarta parte (11,1-12,13): A resposta do cristão: fé e perseverança

A resposta do cristão à ação de Cristo Jesus se torna clara na última parte da carta. Ela consiste na adesão a ele pela fé, perseverando no caminho de seu seguimento. A carta desenvolve o tema da fé no capítulo 11, e o tema da perseverança em 12,1-13.

Hebreus tem a mais clara definição do que é a fé: "A fé é um modo de já possuir aquilo que se espera, e um modo de conhecer as coisas que não se veem" (11,1). E desfilam ante nossos olhos grandes personagens do Antigo Testamento, cuja vida foi movida pela fé.

Releia o capítulo 11 da Carta aos Hebreus e responda ao exercício, associando o personagem à sua ação, realizada na fé e pela fé:

Abel ❶   ◯ abençoou cada um dos filhos de José

Henoc ❷   ◯ mencionou o êxodo dos filhos de Israel

Noé	③	○	não morreu com os incrédulos
Abraão	④	①	ofereceu a Deus um sacrifício melhor que o de Caim
Sara	⑤	○	foi escondido por seus pais por três meses
Isaac	⑥	○	Deus o levou
Jacó	⑦	○	construiu uma arca para salvar sua família
José	⑧	○	se tornou capaz de ter uma descendência
Moisés	⑨	○	partiu sem saber para onde
Raab	⑩	○	abençoou um dos filhos de José

Respostas: 6, 8, 10, 1, 9, 2, 3, 5, 4, 7.

A fé pressupõe a perseverança (12,1-13). Perseverança é manter-se firme na opção feita, mesmo que isso venha a custar sacrifício e, às vezes, até o derramamento de sangue. O exemplo de perseverança e de resistência vem do próprio Jesus.

O desânimo dos cristãos que receberam a carta aos Hebreus vinha, provavelmente, também do ambiente hostil em que se encontravam, sendo inclusive perseguidos. Eles, então, interrogavam-se acerca da origem desse sofrimento e do lugar que Deus ocupava em tudo isso. A carta não inova na questão da origem do sofrimento, pois acredita que venha de Deus, como parte de sua pedagogia educacional. Dessa forma, o sofrimento se torna caminho de crescimento e não de diminuição do ser humano, menos ainda resultado de punição divina.

5. Quinta parte (12,14-13,25):
   Recomendações

A última parte compõe-se basicamente de recomendações que decorrem como consequências do tema que a carta tratou.

> Com sua Bíblia, complete as seguintes frases dos capítulos 12 e 13 da Carta aos Hebreus.
>
> **12,14:** "Procurem estar em .... com todos. Progridam na ...., porque sem ela ninguém verá o Senhor".
>
> **12,25:** "Não deixem de .... aquele que fala a vocês".
>
> **13,1-3:** "Perseverem no .... Não se esqueçam da .... Lembrem-se dos ...., como se vocês estivessem .... Lembrem-se dos que ...., pois vocês também têm um corpo".

Avaliação
A Carta aos Hebreus não é um texto de fácil compreensão. Se muitas coisas não ficaram claras, não desanime. Este estudo é apenas o começo de uma grande aventura. Persevere e não arrependerá!

5
A carta de Tiago

I. ANTES DE ABRIR A CARTA

1. Tiago?

O autor dessa carta se apresenta como sendo "Tiago, servo de Deus e do Senhor Jesus Cristo" (1,1). Ora, entre os doze apóstolos, encontramos, pelo menos, dois que trazem o nome de Tiago: um deles é irmão de João; ambos são filhos de Zebedeu. Outro é identificado como "filho de Alfeu" (Mt 10,3). Seria o mesmo que é chamado de "irmão do Senhor"? Ou teríamos três Tiago?

Tiago, irmão de João, foi condenado à morte por Herodes Agripa I e executado no ano 44 ou um pouco antes (At 12,2). O outro Tiago, conhecido como "irmão do Senhor", que esteve à frente da comunidade cristã de Jerusalém, foi morto no ano 62.

É provável que nenhum dos dois seja o autor da carta atribuída a Tiago, pois se pergunta: se um deles é o autor desse texto, por que não se apresenta com o título de apóstolo ou, mais ainda, de "irmão do Senhor"? Além disso, os estudiosos do assunto garantem o seguinte: o modo como Jesus é apresentado não condiz com a visão que os cristãos tinham dele nas décadas de 40 a 60.

Outro argumento importante na definição do autor é a linguagem. A carta foi escrita em um grego elegante, coisa que dificilmente os apóstolos do Senhor Jesus possuíam, pois eram pescadores e homens de cultura judaica. O autor da carta demonstra ser pessoa de cultura grega. Alguém poderia sugerir que Tiago tivesse encarregado outra pessoa, a fim de que pusesse, por escrito, seu pensamento e sua mensagem. Mas isso não passa de hipótese. É bem provável, então, que a carta tenha sido escrita no final do primeiro século e até no começo do século II.

2. Longa espera

Outro argumento contra a autoria de Tiago é a longa espera a que foi submetida a carta antes de ser aceita como texto canônico. Se os primeiros cristãos tivessem certeza de que seu autor era um dos doze apóstolos de Jesus, certamente, teriam aceitado a carta com naturalidade, coisa que não aconteceu. Desde seu surgimento, ela foi objeto de desconfiança, sobretudo por parte das lideranças cristãs, que não a aceitavam como texto inspirado. Ela começou a ser aceita somente depois do ano 300. Nesse sentido, ela não está sozinha. Por exemplo: o próprio Evangelho de são João passou por esse longo processo de espera, e o século 4º da nossa era tem sido a data de aceitação definitiva de vários livros do Novo Testamento.

Isso, por um lado, pode causar admiração nas pessoas não familiarizadas na questão; por outro lado, é possível perceber, por trás dessa cautela, a seriedade com que se chegou à decisão final acerca de quais livros eram inspirados e quais deviam ser rejeitados.

3. Cartas "católicas"

A carta de Tiago pertence a um grupo de sete cartas, tradicionalmente, chamadas de "católicas": 1 e 2 Pedro, Judas e 1, 2, 3 João. São chamadas assim por não se destinarem, em sua maioria, a uma pessoa ou um grupo restrito, e sim a todos os interessados, como se fossem "cartas abertas" para o mundo inteiro. De fato, a palavra "católica" significa "universal". Neste estudo, não será levado em consideração esse aspecto.

> **Diáspora**
> A carta de Tiago se destina "às doze tribos da Dispersão" (1,1), isto é, a todos os cristãos de origem judaica espalhados pelo mundo inteiro.

4. Um texto sapiencial

A carta de Tiago – que mais se parece com uma homilia – está muito perto dos textos conhecidos como "sapienciais" (veja, nesta coleção, *Livros sapienciais*). Os textos sapienciais costumam insistir, mais que todos os demais livros da Bíblia, nos valores que devem orientar a conduta das pessoas. Esses valores costumam ser característica de pessoas maduras, que souberam extrair dos acontecimentos o que há de melhor neles, conferindo sentido à própria existência e sendo exemplo para os mais jovens.

O fato de ser um texto "sapiencial" faz com que a carta de Tiago possa ser lida e acolhida por todos, pois os textos sapienciais ultrapassam as barreiras da cultura, da religião e da raça para se tornarem patrimônio de toda a humanidade.

> **Vamos conferir?**
> Veja alguns exemplos nos capítulos 1 e 2 de Tiago. Com uma boa tradução da Bíblia (por exemplo, Bíblia de Jerusalém), você pode completar o exercício servindo-se das "referências marginais".
>
> | *Carta de Tiago* | *Livros sapienciais* |
> |---|---|
> | **1,5:** "Se alguém de vocês não tem sabedoria, peça-a a Deus, | **Provérbios 2,6:** "Pois é Javé quem dá a sabedoria, de sua |

que a concede generosamente a todos, sem recriminações, e ela lhe será dada".	boca procedem o conhecimento e o entendimento".
1,13: "Ninguém, ao ser provado, deve dizer: 'É Deus que me prova', pois Deus não pode ser provado pelo mal e a ninguém prova".	**Eclesiástico 15,11:** "Ninguém diga: 'É o Senhor que me faz pecar', porque ele não faz aquilo que odeia".
1,19b: "Que cada um esteja pronto para ouvir, mas lento para falar e lento para ficar com raiva".	**Eclesiástico 5,11:** "Sê pronto para escutar, mas lento para dar a resposta". (Veja Provérbios 10,9).
2,9: "Se fazeis distinção de pessoas cometeis pecado..."	**Provérbios 24,23:** "Não é bom ser parcial no julgamento".

II. ABRINDO A CARTA

Como está organizada

A carta não possui uma divisão rígida dos temas. Os assuntos vão fluindo livremente (e às vezes retornam), de modo que é aconselhável estudá-la capítulo por capítulo, salientando aquilo que há de mais importante em cada capítulo.

1. Capítulo 1

Vários temas estão aqui condensados: o primeiro refere-se às tribulações que os cristãos enfrentam no momento em que a carta é escrita. Que sentido têm o sofrimento e a tribulação por causa da fé? – As provações por causa da fé conduzem à perseverança (1,2-4).

O segundo tema fala da sabedoria. Como consegui-la? Pedindo-a com fé a Deus, sem duvidar (1,5-8).

Vem, em seguida, um tema sapiencial muito frequente: o engano das riquezas, ao passo que o humilde será exaltado (1,9-11).

Em quarto lugar, retorna o tema do sofrimento e da aprovação. Isso não vem de Deus, pelo contrário, vem de dentro da pessoa (1,12-15).

O último tema do capítulo 1 se refere à escuta e à prática da Palavra, na linha daquilo que disse Jesus, que proclamou bem-aventurado aquele que escuta e pratica. Característica do bom cristão é saber controlar a língua (1,16-27).

2. Capítulo 2

O segundo capítulo apresenta, basicamente, dois temas: o respeito para com os pobres e a necessidade de confirmar a fé mediante as obras. **1.** Uma das maiores agressões que cometemos contra Deus é o desprezo do pobre, com a agravante de fazermos distinção de pessoas, favorecendo o rico, e tudo isso em uma assembleia litúrgica, na qual se celebra a fé comum (2,1-13). **2.** A má compreensão dos textos de Paulo em relação à salvação, que não se obtém mediante a prática da Lei, deve ter gerado confusão na cabeça das pessoas. O apóstolo Paulo insistia que a salvação é resultado da fé que depositamos em Jesus Cristo, morto e ressuscitado, como graça que nos vem dele, e não como mérito nosso decorrente da prática da Lei de Moisés. Evidentemente, também para Paulo, as obras é que dão visibilidade à fé que professamos, de modo que também Paulo admite e defende que a fé sem as obras é cadáver. Não existe desacordo entre Tiago e Paulo no que se refere a esse tema. Tiago concorda com Paulo quanto ao fato de a salvação ser graça divina, e não fruto da prática da Lei de Moisés. E Paulo concorda com Tiago na questão da necessidade de que as obras sejam o resultado da fé que professamos (2,14-26).

3. Capítulo 3

O capítulo 3 também pode ser dividido em dois temas:

1. *O autodomínio no falar* (3,1-12). Já dizia um velho sábio e filósofo grego: "A pessoa sábia só rompe o silêncio quando tem algo mais importante que o silêncio para falar". Como de costume, a carta emprega muitos exemplos, e neste, que é uma espécie de comentário ao mandamento em que afirma "Não levante falso testemunho", compara o controle da língua ao freio dos cavalos, ao leme dos navios e ao fogo devorador. Combina, mais ou menos, com aquilo que Jesus disse certa ocasião: a boca fala daquilo que o coração está cheio!

2. *Diferença entre sabedoria humana e sabedoria divina.* O tema é mais bem aprofundado por Paulo em sua primeira carta aos Coríntios. A sabedoria humana produz rivalidade e exclusão, ao passo que a sabedoria divina só produz o bem (3,13-18).

4. Capítulo 4

Também o capítulo quarto pode ser sintetizado em dois temas: divisões entre os fiéis, e duro alerta aos ricos (este segundo tema se prolonga no capítulo quinto).

1. *As divisões entre os fiéis* são um escândalo, pois no pedido que faz a seu Pai (Jo 17) Jesus coloca a unidade como prova visível da união que existe entre eles dois (4,1-12).

2. *Duro alerta aos ricos* (4,13-5,6). É o mais severo alerta contra a concentração de bens, na linha de denúncia do profeta Amós, pois, no dizer de Tiago, toda grande fortuna é construída e obtida com o sangue dos pequenos, isto é, no dizer de um grande papa, sobre toda grande fortuna pesa uma hipoteca social. Assim pensado, o rico não possui riquezas, mas é por elas possuído, pois a riqueza é grande ídolo devorador, insaciável até devorar a própria pessoa, esse ser miserável que concentra bens para o dia da matança.

5. Capítulo 5 (versículos 7-20)

Um tema muito claro que vai de encontro às expectativas do povo, é a vinda iminente de Jesus (5,7-11). A carta, dá a impressão de que a segunda vinda é coisa de dias. Nós, com os conhecimentos que temos, podemos afirmar que ele está vindo continuamente e que é preciso esperá-lo com paciência ativa, isto é, com boas obras.

Nas exortações finais (5,12-20), temos a melhor fundamentação bíblica do sacramento da Unção dos Enfermos: "Alguém dentre vós está doente? Mande chamar os presbíteros da Igreja para que orem sobre ele, ungindo-o com óleo em nome do Senhor. A oração da fé salvará o doente e o Senhor o colocará de pé; e se tiver cometido pecados, estes lhe serão perdoados" (5,14-15). Além disso, a carta chama atenção para a importância da oração, sobretudo em ocasiões adversas, pois ela tem grande poder. É citado o exemplo do profeta Elias, cuja oração teve o poder de fechar o céu durante três anos e seis meses.

Avaliação
Avalie o estudo que acabamos de fazer. Reflita sobre a linguagem cheia de exemplos e imagens que a carta emprega para transmitir a mensagem. Não seria interessante para nós? As metáforas, imagens, figuras etc. falam mais que muitos discursos sofisticados, e os ouvintes gravam com mais facilidade.

6
A primeira carta de Pedro

I. ANTES DE ABRIR AS CARTAS

1. De Pedro?

ÁSIA MENOR - 1º Século

Não são muitos os especialistas que põem em dúvida a autoria dessas duas cartas, afirmando não serem de Pedro. São, sobretudo, especialistas protestantes, e os principais argumentos por eles apresentados (contra a 1ª) são estes:

1. A questão do estilo.
2. A questão do tema principal.
3. O nome dado ao local de onde foram escritas.

Vamos ver isso de perto (para a 2ª carta de Pedro, veja mais adiante).

1. *A questão do estilo*. As cartas de Pedro foram escritas em grego. Em um grego elegante, sem erros de linguagem. Então, pergunta-se: como é possível que um pescador da Galileia, que mal conhecia a própria língua, escrevesse com elegância em grego? O problema é contornado pela presença de outras pessoas junto a Pedro, como, por exemplo, João Marcos (considerado o autor do Evangelho de Marcos, o mais antigo), e Silvano (conhecido também como Silas), companheiro tanto de Paulo quanto de Pedro. De fato, em 1 Pedro 5,12, encontra-se a seguinte afirmação: "Por Silvano, que considero irmão fiel, escrevi-vos, em poucas palavras, exortando-vos e garantindo que esta é a verdadeira graça de Deus, na qual deveis permanecer firmes". Logo a seguir, a carta nomeia Marcos, que Pedro chama de "meu filho" (5,13). Pedro teria encarregado um de seus próximos a fim de que escrevesse a carta, cujo estilo pode não ser de Pedro, mas cujo conteúdo provém dele.

2. *A questão do tema principal*. O tema principal ou o motivo central que provocou o surgimento da primeira carta parece ser a perseguição que explodiu contra os cristãos. Isso pode ser deduzido, por exemplo, da seguinte afirmação: "Amados, não vos alarmeis com o incêndio que lavra em vosso meio, como se estivesse acontecendo algo estranho; antes, à medida que participais do sofrimentos de Cristo, alegrai-vos, para que também, na revelação de sua glória, tenhais transbordante alegria. Bem-aventurados sois se sofreis por causa do nome de Cristo, porque o Espírito da glória, o Espírito de Deus, repousa sobre vós" (1Pd 4,12-14).

O tema principal, portanto, parece ser o da perseguição contra os cristãos da Ásia Menor. Ora, sabe-se que a primeira perseguição, sob Nero, limitou-se à cidade de Roma, período no qual o apóstolo Pedro foi martirizado (entre os anos 64 e 67). Somente quando Domiciano se tornou imperador é que os cristãos foram perseguidos em todo o império (Domiciano: 81 a 96). A perseguição estendeu-se também no tempo de seu segundo sucessor, Trajano (anos de 98 a 117). É o que atesta a carta de Plínio, o Jovem, governador da Bitínia de 111 a 113, ao imperador Trajano (ano 111), época em que, segundo alguns, teria sido escrita a primeira carta de Pedro.

> **Parte da carta de Plínio, o Jovem, ao imperador Trajano**
>
> Tenho por praxe, senhor, consultar Vossa Majestade nas questões duvidosas. Quem melhor dirigirá minha incerteza e instruirá minha ignorância? Nunca presenciei nenhum julgamento de cristãos. Por isso, ignoro as penalidades e investigações costumeiras, bem como as pautas em uso. Tenho muitas dúvidas a respeito de certas questões, tais como: estabelecem-se diferenças e distinções de acordo com a idade? Cabe o mesmo tratamento a enfermos e robustos? Aqueles que se retratam devem ser perdoados? A quem sempre foi cristão, compete gratificar quando deixa de sê-lo? Há de punir-se o simples fato de alguém ser cristão, mesmo que inocente de qualquer crime, ou exclusivamente os delitos praticados sob esse nome?
>
> Entretanto, eis o procedimento que adotei nos casos que me foram submetidos sob acusação de cristianismo. Aos incriminados pergunto se são cristãos. Na afirmativa, repito a per-

gunta segunda e terceira vez, ameaçando condená-los à pena capital. Se persistirem, condeno-os à morte. Não duvido que, seja qual for o crime que confessem, sua pertinácia e obstinação inflexíveis devem ser punidas. Alguns apresentam indícios de loucura; tratando-se de cidadãos romanos, separo-os para enviá-los a Roma.

Mas o que geralmente se dá é o seguinte: o simples fato de julgar essas causas confere enorme divulgação às acusações, de modo que meu tribunal está inundado com uma grande variedade de casos. Recebi uma lista anônima com muitos nomes. Os que negaram ser cristãos, considerei-os merecedores de absolvição. De fato, sob minha pressão, devotaram-se aos deuses e reverenciaram com incenso e libações vossa imagem colocada, para este propósito, ao lado das estátuas dos deuses, e, pormenor particular, amaldiçoaram a Cristo, coisa que um genuíno cristão jamais aceita fazer. Outros inculpados da lista anônima começaram declarando-se cristãos e, logo, negaram sê-lo, declarando ter professado essa religião durante algum tempo e renunciando a ela há três ou mais anos; alguns a tinham abandonado há mais de vinte anos. Todos veneraram vossa imagem e as estátuas dos deuses, amaldiçoando a Cristo. Foram unânimes em reconhecer que sua culpa se reduzia apenas a isto: em determinados dias, costumavam comer antes da alvorada e rezar responsivamente hinos a Cristo, como a um deus; obrigavam-se por juramento não a algum crime, mas à abstenção de roubos, rapinas, adultérios, perjúrios e sonegação de depósitos reclamados pelos donos. Concluído esse rito, costumavam distribuir e comer seu alimento. Esse, aliás, era um alimento comum e inofensivo. Eles deixaram essas práticas depois do edito que promulguei, de conformidade com vossas instruções, proibindo as sociedades secretas. Julguei ser mais importante descobrir o que havia de verdade nessas declarações por meio da tortura a duas moças, chamadas diaconisas, mas nada achei senão superstição baixa e extravagante. Suspendi, portanto, minhas

> observações na espera do vosso parecer. Creio que o assunto justifica minha consulta, mormente tendo em vista o grande número de vítimas em perigo. Muita gente, de todas as idades e de ambos os sexos, corre o risco de ser denunciada e o mal não terá como parar. Essa superstição contagiou não apenas as cidades, mas as aldeias e até as estâncias rurais. Contudo, o mal ainda pode ser contido e vencido. Sem dúvida, os templos que estavam quase desertos são novamente frequentados; os ritos sagrados, há muito negligenciados, celebram-se de novo; vítimas para sacrifícios estão sendo vendidas por toda a parte, ao passo que, até recentemente, raramente um comprador era encontrado. Esses indícios permitem esperar que legiões de homens sejam susceptíveis de emenda, desde que tenham a oportunidade de se retratar.

Os estudiosos que negam a autoria de Pedro baseiam-se nessas informações para afirmar que as cartas são de outro autor e que teriam sido escritas por volta do ano 111, durante o governo de Plínio, o Jovem, na Bitínia. Aqueles que são a favor da autoria de Pedro observam que o "incêndio" não se refere, necessariamente, à perseguição de Trajano, mas às dificuldades inerentes à condição de estrangeiros vivida pelos cristãos naquelas regiões.

3. O nome dado ao local de onde foram escritas. Alguns estudiosos sustentam que o nome dado pelo autor à cidade de Roma, chamando-a de Babilônia (veja 1 Pedro 5,13), é criação do autor do Apocalipse (Ap 18). Ora, o Apocalipse foi escrito em torno do ano 95. Portanto, as cartas de Pedro seriam posteriores a ele. Aqueles que são a favor da autoria de Pedro respondem que não há provas que sustentem essa afirmação e que é mais provável que o fato de apelidar a cidade de Roma de Babilônia fosse coisa comum, sobretudo entre cristãos de origem judaica. Portanto, Pedro seria o autor dessas duas cartas, escritas antes do ano 67, provável data de sua morte.

2. Cartas "católicas"

Com Tiago, as três cartas de João e a carta de Judas, as duas cartas de Pedro ao longo da história foram impropriamente chamadas de "católicas", isto é, universais, destinadas a todos. Ora, a primeira carta de Pedro tem destinatários bem claros: os cristãos que vivem nas regiões da Ásia Menor, chamadas Bitínia, Ponto, Galácia e Capadócia (1Pd 1,1).

3. Condição social dos destinatários

A primeira carta de Pedro fornece indicações preciosas acerca da situação social dos cristãos daquelas regiões: "Amados, eu vos exorto, como a estrangeiros e viajantes neste mundo, para que eviteis os desejos carnais que promovem guerra contra a alma. Que o vosso comportamento entre os pagãos seja exemplar, para que, mesmo falando mal de vós, como se fôsseis malfeitores, vendo as vossas boas obras glorifiquem a Deus, no dia de sua Visita" (2,11-12).

Os destinatários são, portanto, cristãos que migraram para essas regiões (veja 1,1) e passam por dificuldades de vários tipos.

II. ABRINDO A PRIMEIRA CARTA DE PEDRO

Como está organizada

A primeira carta de Pedro não tem uma organização rígida. Os textos vão fluindo sem uma ordem predeterminada, como é próprio do "estilo carta". Por isso, vamos examiná-la capítulo por capítulo, salientando os pontos essenciais.

1. Capítulo 1

O autor se apresenta como apóstolo de Jesus Cristo, e os destinatários são os cristãos que vivem como estrangeiros na Diáspora cristã da Ásia Menor, mais especificamente no Ponto, na Galácia, na Capadócia e na Bitínia. Em nome da Trindade, ele lhes deseja graça em paz em abundância (1,1-2). Segue-se um breve hino de louvor a Deus, que, em sua misericórdia, pela ressurreição de Jesus Cristo nos gerou para uma vida nova, marcada pela esperança da salvação quando chegar o fim dos tempos (1,3-5). E isso deve ser motivo de alegria, embora no momento presente eles estejam passando por provações. Surge aqui o primeiro aspecto positivo da provação: fortalecer a fé, assim como o fogo purifica o ouro. A fé se refere à pessoa de Jesus Cristo, que os cristãos amam sem o terem visto (1,6-9).

O autor está profundamente preocupado com a salvação, objeto de investigação dos profetas no passado. E os destinatários da mensagem dos profetas são os próprios cristãos (1,10-12), motivo pelo qual o autor apresenta as condições desse novo estilo de vida: depositar toda esperança na graça da salvação que acontecerá por ocasião da Revelação de Jesus Cristo; criar um novo estilo de vida diferente do modo de viver no passado; sendo filhos de Deus, comportar-se com temor durante o tempo do exílio nesta terra (1,13-21).

O capítulo se encerra com um apelo ao amor fraterno sem hipocrisia: "Amai-vos uns aos outros ardorosamente e com coração puro" (1,22-25).

2. Capítulo 2

O amor tem suas leis próprias e suas próprias exigências. Por isso, os cristãos são chamados a abandonar tudo o que tem sabor de velho, a fim de caminhar rumo à salvação (2,1-3).

Vem em seguida um dos textos mais importantes da carta (2,4-10), usando a imagem da construção de uma casa, a casa de Deus, cujo alicerce é a pessoa de Jesus, sobre o qual, como pedras vivas, os cristãos vão construindo um edifício espiritual, um templo do qual eles próprios são sacerdotes; um sacerdócio santo, que oferece sacrifícios espirituais agradáveis por meio de Jesus Cristo. Os cristãos, assim alicerçados, são uma raça eleita, um sacerdócio real, uma nação santa, propriedade particular de Deus, o novo Israel, o novo povo de Deus, o povo que alcançou misericórdia.

A partir disso, a carta orienta o comportamento dos cristãos no meio dos pagãos, salientando alguns aspectos:

1. *Como viver no meio de pagãos:* um comportamento exemplar.

2. *Como viver em relação às autoridades:* por causa do Senhor Jesus, submeter-se, fazer o bem, comportar-se com liberdade responsável.

3. *Como agir diante de patrões exigentes:* por amor de Deus, sujeitar-se, mesmo que isso cause sofrimento, pois também Cristo sofreu (2,11-25).

3. Capítulo 3

O capítulo 3 continua na mesma linha do anterior, isto é, tirando consequências para o agir cristão em uma terra estranha e hostil. O capítulo começa falando das relações matrimoniais. Em primeiro lugar, Pedro se dirige às esposas e, dentro dos padrões culturais e comportamentais daquele tempo, recomenda-lhes sujeição, sobretudo se os maridos não forem cristãos, na esperança de, sem palavras, conquistá-los para a fé. Uma série de recomendações apontam para valores dentro das mulheres, em oposição às exterioridades, como se dissesse: quem é rico por dentro não precisa exibir riquezas por fora! Interessante a recomendação dada aos maridos: serem compreensivos na vida conjugal e tributarem às próprias esposas a honra devida, para que, quando rezarem, Deus os escute (3,1-7).

Em seguida, recomendações para todos: união, compaixão, amor mútuo, misericórdia e humildade. Os cristãos são chamados a superar a lei do "olho por olho, dente por dente", mediante uma força maior: a bênção em lugar da maldição (3,8-12).

O terceiro tema é a postura diante da perseguição, na linha daquilo que Jesus declarou: bem-aventurados os perseguidos por causa da justiça! E aconselha: é melhor sofrer por ter praticado o bem do que sofrer por ter feito o mal (3,13-17).

O último tema do capítulo 3 se refere à ressurreição de Jesus e àquilo que professamos no *Creio,* isto é, que ele "desceu à mansão dos mortos". A arca de Noé é tipo do batismo: assim como a família de Noé foi salva do dilúvio porque estava na arca, assim os cristãos serão salvos por seu batismo (3,18-22).

4. Capítulo 4

Faça você mesmo! Abra sua Bíblia e resuma os temas do capítulo quarto da 1ª Pedro, segundo as indicações propostas, ou seja, completando os versículos que resumem cada um dos temas.

4,1-6: Copie o versículo 4:_____

_____

4,7-11: Copie o versículo 7 _____

_____

4,12-19: Copie o versículo 14 _____

_____

5. Capítulo 5

O último capítulo traz recomendações para os líderes das comunidades, chamados de "anciãos", e recomendações aos fiéis em relação aos anciãos. A estes, Pedro recomenda: "Apascentai o rebanho de Deus que vos foi confiado, cuidando dele, não por coação, mas de livre vontade, como Deus o quer; nem por torpe ganância, mas por devoção; nem como senhores daqueles que vos couberam por sorte, mas, pelo contrário, como modelos do rebanho" (5,1-4). Aos fiéis recomenda-se que obedeçam aos anciãos (5,5-11). A carta termina com saudações e o desejo de que a paz reine entre todos (5,12-14).

Avaliação
A primeira carta de Pedro está cheia de pequenos detalhes que não apresentamos nesse breve estudo. Tome um tempo para ler com calma essa carta. Você descobrirá pequenos tesouros de sabedoria e de espiritualidade.

7
A segunda carta de Pedro

I. ANTES DE ABRIR A CARTA

1. "Segunda carta"?

Se levarmos a sério aquilo que se afirma 2 Pedro 3,1-2, não teremos dificuldades de aceitar que Pedro seja autor também da que conhecemos como segunda carta, pois se afirma: "Amados, esta já é a segunda carta que vos escrevo, procurando em ambas despertar o vosso pensamento sadio com algumas admoestações, a fim de vos trazer à memória as palavras preditas pelos santos profetas e o mandamento dos vossos apóstolos, a eles confiado pelo Senhor e Salvador".

Mas é justamente por isso que os especialistas começam a duvidar que Pedro seja o autor dessa carta, pois o pensamento expresso dá a impressão de que ele toma distância do grupo dos apóstolos. De fato, por que ao invés de dizer *a nós confiado*, incluindo-se no grupo dos apóstolos, ele afirma *a eles confiado*?

E as dúvidas não terminam aí. A carta apresenta dois temas principais: a presença de falsos doutores (mestres) e a preocupação com a demora da segunda vinda do Senhor Jesus. O tema dos falsos mestres – já presente na primeira carta de Paulo a Timóteo e na carta a Tito – faz pensar em uma época posterior à morte de Pedro. Além disso, na segunda carta de Pedro, encontramos um fenômeno interessante: o capítulo 2 é uma espécie de cópia da carta de Judas, que parece ser posterior à morte de Pedro.

A carta deixa a impressão de que a coleção das cartas de Paulo já está formada, pois afirma: "Considerai a paciência de nosso Senhor como a nossa salvação, conforme também o nosso amado irmão Paulo vos escreveu, segundo a sabedoria que lhe foi dada. Isto mesmo faz em todas as cartas, ao falar nelas desse tema" (3,15-16a).

Até o início do século 3º, a segunda carta de Pedro não foi usada, sendo rejeitada por muitos, segundo palavras de são Jerônimo. Resta sempre a possibilidade de que, mais tarde, um discípulo de Pedro tenha escrito essa carta, usando o nome dele, servindo-se da carta de Judas.

2. Os temas

Como foi dito, os temas principais dessa carta são dois: a preocupação com os falsos mestres presentes nas comunidades cristãs e a impaciência diante da demora da segunda vinda do Senhor Jesus, também chamada Parusia.

Parusia
É uma palavra grega que significa *presença, chegada*. No campo profano, significava a chegada ou a visita do rei. Os primeiros cristãos fizeram uso dessa palavra para falar da segunda vinda do Senhor Jesus no final dos tempos.

II. ABRINDO A SEGUNDA CARTA DE PEDRO

Vamos percorrer a segunda carta de Pedro a partir dos dois temas principais.

1. Impaciência dos cristãos diante da demora da segunda vinda do Senhor Jesus

Pedro quer calçar solidamente sua mensagem, por isso emprega alguns recursos, como, por exemplo, a proximidade de sua morte (1,14) e o fato de ter estado com Jesus no episódio da transfiguração (1,17-18). Além disso, ele se apoia na palavra dos profetas, como luz que brilha no escuro (1,19-21).

Como entender a demora da segunda vinda, se para os primeiros cristãos era parte integrante da pregação? Pedro arrisca uma resposta: "Para o Senhor, um dia é como mil anos e mil anos como um dia" (3,8). Não podemos medir o tempo de Deus com medidas humanas. E continua: "O Senhor não tarda a cumprir sua promessa, como pensam alguns, entendendo que há demora; ele está usando de paciência convosco, porque não quer que ninguém se perca, mas que todos venham a se converter. O Dia do Senhor chegará como ladrão e, então, os céus vão se dissolver..." (3,9-10).

Não se espera o Senhor de braços cruzados. Tarefa dos cristãos é trabalhar para a própria santificação: "Se todo este mundo está destinado a se desfazer, qual não deve ser a santidade do vosso viver e da vossa piedade, enquanto esperais e apressais a vinda do Dia de Deus... O que nós esperamos, conforme a promessa, são novos céus e nova terra, onde habitará a justiça" (3,11-13).

2. Os falsos mestres infiltrados nas comunidades

É o tema que ocupa a maior parte da carta. As palavras contra eles são duras. Vamos ver algumas: "Eles trarão heresias perniciosas, negando o Senhor, que os resgatou, e trazendo sobre si repentina destruição" (2,1). "Com discursos falsos, farão de vós objeto de negócios; mas seu julgamento há muito está em ação, e a sua destruição não tarda" (2,3). "Atrevidos, presunçosos, não hesitam em blasfemar contra as Glórias, ao passo que os anjos, embora superiores em força e poder, não pronunciam contra elas julgamento blasfemo na presença do Senhor" (2,10b-11).

A carta os critica por sua vida desenfreada (3,3). E dá uma pista para saber do que se trata: da negação da vinda do Senhor (3,4). Para mais informações acerca dos falsos mestres, ver a carta de Judas.

Avaliação
A segunda carta de Pedro, com certeza, encontra-se entre os textos mais desconhecidos do Novo Testamento. Este breve estudo pretende ajudar você a caminhar no conhecimento desse texto. Avalie aquilo que foi apresentado e faça esforço para continuar estudando, pois vale a pena.

8
A carta de Judas

VISÃO GERAL DA CARTA

1. Judas. Qual Judas?

Essa breve carta, de apenas 25 versículos, desconhecida por muitos, é atribuída a Judas, que não se apresenta como apóstolo, mas como simplesmente servo. Além disso, ele se denomina irmão de Tiago. De qual Judas se trata? O Evangelho de Marcos (6,3) fala de "irmãos" de Jesus, e entre esses irmãos há Tiago e Judas. Esses "irmãos" não pertencem ao grupo dos doze apóstolos. O Evangelho de João (14,22) cita um Judas que não é o traidor. A questão não é simples.

2. De Judas?

A carta parece espelhar um tempo posterior à morte dos apóstolos. De fato, no versículo 17 se lê: "Vós, porém, amados, lembrai-vos das coisas que foram ditas anteriormente pelos apóstolos de nosso senhor Jesus Cristo". É um apelo à memória de algo passado, que corresponde à época dos apóstolos. Suponhamos que a carta tenha sido escrita depois do ano 90, e, então, as coisas ficam mais claras, pois os apóstolos já morreram, e estamos vivendo outros tempos, com problemas que os apóstolos, de alguma forma, haviam previsto. Quem é, portanto, o autor desse texto?

Temos duas possibilidades: primeira: considerá-lo, de fato, irmão de Tiago, ou então (segunda) tomar esse nome como uma espécie de dedicatória a Judas, irmão de Tiago, figura importante que as comunidades, certamente, conheciam. Além disso o que dificulta a autoria do apóstolo Judas é a questão da linguagem. A carta foi escrita em grego, em um estilo que poderíamos chamar de sofisticado ou erudito. A pessoa que escreveu essa carta era, sem dúvida, de origem judaica, fato que pode ser confirmado pelo conhecimento que tem do Antigo Testamento; mas, ao mesmo tempo, dominava bem a língua grega. Quando, cita trechos do Antigo Testamento, ele o faz citando a tradução grega conhecida como Setenta. Além disso, o centro da carta se assemelha aos midraxes judaicos (para o sentido de midraxe, veja AT – 3, p. 4). Mais ainda: nessa breve carta, o autor usa 14 palavras gregas que não se encontram em nenhum outro livro do Novo Testamento.

3. Destinatários

É uma carta aberta, sem endereço determinado. Podia ser uma carta circular para várias comunidades. Não se sabe de onde foi escrita nem a quem se destinava. Os adversários que ela critica estão muito próximos daqueles que a segunda carta de Pedro também critica, chamando-os de falsos mestres, e se parecem também com os adversários citados nas cartas de João.

O autor parece não ter sido o fundador dessas comunidades. Ele não se preocupa em visitá-las, como fazia Paulo com as suas, nem age como o Ancião das cartas joaninas, que enviava mensageiros às comunidades dependentes dele. Ele, simplesmente, escreve e, assim fazendo, ignora todas aquelas peculiaridades próprias das cartas de Paulo e de João.

4. Por que foi escrita?

A carta inteira critica duramente um grupo de adversários infiltrado nas comunidades. E nisso é copiada pela segunda carta de Pedro, capítulo 2. Examinando alguns versículos da carta, podemos ter uma ideia aproximada de quem são os adversários que ela critica: "Infiltraram-se no meio de vós alguns indivíduos que, desde há muito tempo, estão inscritos para o julgamento. Eles são uns ímpios, que convertem a graça de nosso Deus em pretexto para a libertinagem e negam Jesus Cristo, o nosso único soberano e Senhor" (4). Mais adiante (8), afirma-se: "O mesmo acontece com esses indivíduos: levados por seus devaneios, contaminam o próprio corpo, desprezando o senhorio de Cristo e insultando os seres gloriosos". E também: "Esses indivíduos, porém, dizem blasfêmias contra tudo o que eles não conhecem; e o que conhecem instintivamente, à maneira de animais, é que os conduz à ruína" (10).

A condenação desses indivíduos aparece em forma de maldição: "Ai deles, porque tomaram a estrada de Caim; por causa do lucro se entregaram às aberrações de Balaão e foram destruídos na rebelião de Coré. São eles que participam descaradamente das refeições fraternas vossas, pastoreando a si mesmos com irreverência. Eles são como nuvens sem água, levadas pelo vento, ou como árvores no fim do outono que não dão fruto, duas vezes mortas e arrancadas pela raiz. São como as ondas bravias do mar, espumando a própria indecência. São como astros errantes para os quais está reservada a escuridão das trevas eternas" (11-13; veja também 16 e 19).

Depois de tudo o que foi dito, é claro que a atitude deles cause divisão nas comunidades, que eles sejam motivados por interesse e privados do Espírito. Revela-se uma grande tensão, pois esses indivíduos, certamente, afirmavam estar agindo no Espírito e por força dele. Fica claro também que esse grupo "fez escola" nas comunidades, gerou seguidores e, por isso, causou divisões entre os cristãos. A questão dos interesses também fica clara: vivendo às custas das comunidades e escondendo seus verdadeiros objetivos, essas pessoas tinham vida fácil.

Os falsos profetas não apenas causaram divisões nas comunidades. Os versículos 22-23 dão a entender que já estava acontecendo uma ruptura. Há pessoas que abandonaram, definitivamente, as comunidades (e deve-se ter compaixão para com elas, com temor, ou seja, cuidando para não imitar sua conduta). E há pessoas "em cima do muro", vacilantes: deve-se fazer de tudo para que voltem à comunhão com os demais fiéis.

Avaliação

Com o pequeno estudo da carta de Judas, chegamos ao final da nossa sobrevoada bíblica; mas não é hora de considerar acabada a nossa tarefa. Que tal começar novamente? O estudo bíblico é como o alimento cotidiano: sempre precisamos dele; é como a água que bebemos: brevemente voltaremos a sentir sede. Quanto mais bebermos, mais sede sentiremos; quanto mais nos alimentarmos da Palavra, mais ela estimulará nosso apetite. Por isso lhes desejo boa continuação.

Anexo
Datas importantes

Antes de Cristo

± 1850	Abraão chega a Canaã
± 1700	Os patriarcas no Egito
± 1250	Êxodo
± 1220-1200	Josué invade a Palestina
± 1200-1025	Os Juízes
± 1125	Débora e Barac
± 1050	Morte do sacerdote Eli
± 1040	Samuel
± 1040-1010	Saul rei
± 1010-971	Davi rei
± 1000	Davi conquista Jerusalém
± 971-931	Salomão rei
931	Divisão do império
± 750	Amós e a seguir Oseias
740	Vocação de Isaías
722	Fim do Reino do Norte
± 740-736	Atividade do profeta Miqueias
± 630	Atividade do profeta Sofonias
627	Vocação do profeta Jeremias
622	Descoberta do Livro da Lei (Dt 12,26) Reforma religioso-política de Josias
609	Morte do rei Josias
± 612	Atividade do profeta Naum
612	Tomada de Nínive, capital do Império Assírio, pelos babilônios
± 600	Provável data da atividade do profeta Habacuc
598/597	Primeira deportação para Babilônia
586	Queda de Jerusalém e segunda

	deportação. Início do exílio
586-538	Exílio na Babilônia
	Atividade do profeta Ezequiel
	Atividade do Segundo Isaías
539	Batalha de Carquemis: os persas vencem os babilônios
	Início do Império Persa
538	Edito de Ciro. Os judeus podem voltar à pátria
520-515	Reconstrução do Templo
	Atividade dos profetas Ageu e Zacarias
498...	Atividade do profeta Abdias
486-423	Atividade do profeta Malaquias
Antes de 336	Atividade do profeta Joel
336	Começo do Império Grego
Até o ano 200	A Judeia sob o domínio dos Lágidas (= gregos do Egito)
Entre 285/246	Tradução da LXX (Setenta ou Septuaginta)
± 250	O livro do Eclesiastes
200-142	A Judeia sob o domínio dos Selêucidas (= gregos da Síria)
± 198	O livro do Eclesiástico
167-164	Dominação e perseguição de Antíoco IV Epífanes
	Revolta dos Macabeus
	Livros de Judite, Daniel, Ester
164	Purificação do Templo (festa da Dedicação, início de dezembro)
± 134	Surge o primeiro livro dos Macabeus
63	O general romano Pompeu conquista Jerusalém
	Início da dominação romana na Palestina
± 50	O livro da Sabedoria
40	Herodes nomeado rei pelos romanos
37	Herodes conquista Jerusalém e reina até o ano 4
20/19	Início da reconstrução do Templo
6/7	Nascimento de Jesus
4	Morte de Herodes, o Grande. Sucede-lhe Arquelau

Anexo - Datas importantes

Depois de Cristo

1-5	Nascimento de Paulo de Tarso
6-15	Anás sumo sacerdote
18-36	Caifás sumo sacerdote
27/28	Início da pregação de João Batista
26-36	Administração romana com Pôncio Pilatos
30	Morte de Jesus
	Pentecostes
± 33	Martírio de Estêvão
36	Caifás é substituído por Jônatas no sumo sacerdócio
± 37	Fundação da Igreja de Antioquia
Antes de 44	Herodes Agripa I manda matar Tiago, irmão de João
49 ou 51	Assembleia de Jerusalém (Atos dos Apóstolos 15)
51	Primeira carta aos Tessalonicenses
64 ou 67	Martírio de Pedro e Paulo em Roma
67-70	Guerra judaica (os romanos vão conquistando a Palestina)
± 68	Evangelho de Marcos
70	Destruição de Jerusalém e do Templo
Depois de 70	Jâmnia, centro do Judaísmo
Depois de 80	Surgimento dos Evangelhos de Mateus e Lucas e dos Atos
81-96	Domiciano imperador
	Perseguição dos cristãos em todo o império
95/96	O Apocalipse
± 98	Morte do evangelista João
98-117	Trajano imperador
	Perseguição dos cristãos em todo o império
111-113	Plínio, o Jovem, governador da Bitínia
111	Carta de Plínio, o Jovem, ao imperador Trajano
131-135	Nova revolta judaica
134	Tomada de Jerusalém
135	Jerusalém desaparece e sobre ela é construída uma cidade pagã

Índice

A coleção: "Conheça a Bíblia. Estudo Popular" | 3

Apresentação | 5

LITERATURA JOANINA | 9

1. O EVANGELHO DE JOÃO | 11
I. Antes de abrir o livro | 11
   1. Como surgiu o Evangelho de João | 11
   2. Uma história marcada pelo sofrimento | 13
   3. Uma história marcada pela fraternidade | 15
   4. Uma história inacabada | 15

II. Abrindo o livro | 16
   1. Como está organizado | 16
   2. Olhando a primeira parte, o livro dos sinais | 17
      a. Primeiro sinal | 18
      b. Segundo sinal | 20
      c. Terceiro sinal | 22
      d. Quarto sinal | 24
      e. Quinto sinal | 26
      f. Sexto sinal | 26
      g. Sétimo sinal | 28
   3. Olhando a segunda parte, o grande sinal | 30

2. AS CARTAS DE JOÃO | 37
I. Antes de abrir as cartas | 37
   1. As comunidades do Discípulo Amado depois do ano 100 | 37
   2. Desentendimentos internos | 38

3. 1º desentendimento: quem é Jesus? | 39
4. 2º desentendimento: haverá julgamento final? | 40
5. 3º desentendimento: o que é amar? | 41
6. 4º desentendimento: quem possui o Espírito? | 43
7. Como resolver o impasse? | 44
8. A separação: "Eles saíram..." (1Jo 2,19) | 45
9. Três cartas: qual a ordem? | 46

II. Abrindo as cartas | 46
1. 3ª carta | 46
2. 2ª carta | 47
3. 1ª carta | 48

3. O APOCALIPSE | 49
I. O avesso do livro | 49

II. O lado certo | 50
1. Quando surgiu o Apocalipse? | 50
2. Uma linguagem difícil | 52
3. Uma linguagem simbólica | 54
4. Os sete fios coloridos do bordado | 56

III. Olhando o livro de perto | 58
1. **Conhecendo o início e a primeira parte (1,1-3,22)** | 59

2. **Conhecendo a segunda parte (4,1-22,5)** | 62
   Primeira unidade (capítulos 4 e 5) | 62
   Segunda unidade (capítulos 6 e 7) | 64
   Terceira unidade (8,1-11,14) | 66
   Quarta unidade (11,15-16,16) | 68
   Quinta unidade (16,17-22,5) | 69

ESCRITOS PASTORAIS | 71

4. A CARTA AOS HEBREUS | 73
I. Antes de abrir a carta | 73
1. Carta? | 73
2. De Paulo? | 74

3. Aos Hebreus? | 74
4. Quando e onde? | 74
5. Por que foi escrita? | 75
6. Qual é o assunto da carta? | 78

II. Abrindo a carta | 78
Como está organizada | 78
 1. Primeira parte (1,5-2,18): Jesus acima dos anjos | 79
 2. Segunda parte (3,1-5,10): Jesus, sumo sacerdote fiel e misericordioso | 79
 3. Terceira parte (5,11-10,39): O sacerdócio de Jesus Cristo é sem comparação | 80
 4. Quarta parte (11,1-12,13): A resposta do cristão: fé e perseverança | 81
 5. Quinta parte (12,14-13,25): Recomendações | 83

5. A CARTA DE TIAGO | 85
I. Antes de abrir a carta | 85
 1. Tiago? | 85
 2. Longa espera | 86
 3. Cartas "católicas" | 86
 4. Um texto sapiencial | 87

II. Abrindo a carta | 88
Como está organizada | 88
 1. Capítulo 1 | 88
 2. Capítulo 2 | 89
 3. Capítulo 3 | 90
 4. Capítulo 4 | 90
 5. Capítulo 5 (versículos 7-20) | 91

6. A PRIMEIRA CARTA DE PEDRO | 93
I. Antes de abrir as cartas | 93
 1. De Pedro? | 93
 2. Cartas "católicas" | 98
 3. Condição social dos destinatários | 98

II. Abrindo a primeira carta de Pedro | 98
Como está organizada | 98
1. Capítulo 1 | 98
2. Capítulo 2 | 99
3. Capítulo 3 | 100
4. Capítulo 4 | 101
5. Capítulo 5 | 101

7. A SEGUNDA CARTA DE PEDRO | 103
I. Antes de abrir a carta | 103
1. "Segunda carta"? | 103
2. Os temas | 104

II. Abrindo a segunda carta de Pedro | 104
1. Impaciência dos cristãos diante da demora da segunda vinda do Senhor Jesus | 104
2. Os falsos mestres infiltrados nas comunidades | 105

8. A carta de Judas | 107
Visão geral da carta | 107
1. Judas. Qual Judas? | 107
2. De Judas? | 107
3. Destinatários | 108
4. Por que foi escrita? | 108

Anexo: datas importantes | 111

Mapas
As sete igrejas do Apocalipse | 11
Ásia menor | 93

MISTO
Papel produzido a partir de fontes responsáveis
FSC® C132240

A marca FSC® é a garantia de que a madeira utilizada na fabricação do papel deste livro provém de florestas que foram gerenciadas de maneira ambientalmente correta, socialmente justa e economicamente viável.

Este livro foi composto com as famílias tipográficas Cantonia, Minion Pro e Segoe e impresso em papel Offset 75g/m² pela **Gráfica Santuário.**